Nunca te esqueci, sempre te amei!

3ª edição - Janeiro de 2022

Coordenação editorial
Ronaldo A. Sperdutti

Preparação de originais
Roberto de Carvalho

Capa
Juliana Mollinari

Imagem Capa
Shutterstock

Projeto gráfico e diagramação
Juliana Mollinari

Assistente editorial
Ana Maria Rael Gambarini

Revisão
Mary Ferranini

Impressão
AR Fernandez Gráfica

1ª edição - Abril de 2019

Proibida a reprodução total ou parcial desta obra sem prévia autorização da editora.

© 2021-2022 by Boa Nova Editora.

Av. Porto Ferreira, 1031 | Parque Iracema
CEP 15809-020 | Catanduva-SP
17 3531.4444

www.lumeneditorial.com.br
www.boanova.net

atendimento@lumeneditorial.com.br
boanova@boanova.net

Dados Internacionais de Catalogação na Publicação (CIP)
(Câmara Brasileira do Livro, SP, Brasil)

```
Villas, Alexandre (Espírito)
   Nunca te esqueci, sempre te amei! / pelo espírito
Alexandre Villas ; [psicografia de] Fátima Arnolde. -
- Catanduva, SP : Lúmen Editorial, 2019.

   ISBN 978-85-7813-207-1

   1. Obras psicografadas 2. Romance espírita
I. Arnolde, Fátima. II. Título.

19-24129                                    CDD-133.93
```

Índices para catálogo sistemático:

1. Romance espírita psicografado 133.93

Maria Paula C. Riyuzo - Bibliotecária - CRB-8/7639

Impresso no Brasil – Printed in Brazil
3-1-22-1.000-6.100

Nunca te esqueci, sempre te amei!

FÁTIMA ARNOLDE
PELO ESPÍRITO ALEXANDRE VILLAS

LÚMEN
EDITORIAL

Sumário

Capítulo 1 – Talento e prepotência 7
Capítulo 2 – Aversão espontânea 13
Capítulo 3 – Um estranho sonho 17
Capítulo 4 – Confrontos 23
Capítulo 5 – O convite 29
Capítulo 6 – O encontro 35
Capítulo 7 – O passado de volta 41
Capítulo 8 – Novos confrontos 45
Capítulo 9 – Enfermidade 51
Capítulo 10 – Estranhezas e questionamentos 55
Capítulo 11 – Revelações 61
Capítulo 12 – Cenários de um sonho 75
Capítulo 13 – No Centro Espírita 81
Capítulo 14 – Preocupações e fé 87
Capítulo 15 – Mudança de atitude 91
Capítulo 16 – Crise nervosa 99
Capítulo 17 – Paixão obsessiva 111
Capítulo 18 – Paciente impaciente 121
Capítulo 19 – A viagem 127
Capítulo 20 – Ciúmes 137
Capítulo 21 – Nova crise 143
Capítulo 22 – A duplicação da marca 149
Capítulo 23 – Amor cigano 157
Capítulo 24 – De volta ao Centro Espírita 165
Capítulo 25 – O golpe 171

Capítulo 26 – Hora do ajuste 177
Capítulo 27 – O infarto... 183
Capítulo 28 – Dupla decepção 189
Capítulo 29 – O arrependimento.. 195
Capítulo 30 – Voto de confiança 201
Capítulo 31 – O passado de volta.. 207
Capítulo 32 – Honrando compromissos 213
Capítulo 33 – Epílogo 219

Capítulo 1

TALENTO E PREPOTÊNCIA

Heleninha terminou o curso de alta-costura aos vinte e três anos. Alguns anos de sua adolescência, impossibilitada por dissabores e mazelas da enfermidade, fizeram com que retardasse um pouco a formação. Mas isso não quer dizer que ela não tinha o dom para a profissão, desde muito pequena.

Heleninha morava com seus pais e um irmão no bairro da Aclimação, na cidade de São Paulo, onde teve uma vida de muitos sucessos. Os pais, Luiz Carlos e Berenice, tinham uma boa formação, bons princípios e razoável estabilidade financeira.

Os filhos estudaram em ótimas escolas, onde obtiveram uma estrutura de qualidade, o que lhes deu a oportunidade de uma colocação no mercado de trabalho. João Carlos, o mais velho, de vinte e cinco anos, formou-se dentista, e tinha um consultório e uma clientela sólida e fiel.

Heleninha, devido ao retardamento do término de seu curso de estilista, estagiava em uma das melhores empresas, a Angels Brasil. O estágio fora conseguido por intermédio de Joice, sua madrinha de batismo. O batizado fora realizado quando Heleninha contava quinze anos de idade e seu próprio irmão havia sido o padrinho.

Na verdade, essa cerimônia serviu apenas como mera formalidade, pois a moça não admitia crenças em sua alma, contrariando o comportamento da maioria das pessoas de seu conhecimento. Na verdade, ela tinha verdadeira aversão a qualquer coisa que se relacionasse a dogmas e doutrinas religiosas.

Estavam todos em torno da grande mesa: o presidente, Ismael Archimedes; o diretor, Renato Archimedes e todos os funcionários que regiam aquela grande empresa da moda.

Nunca te esqueci, sempre te amei!

Algumas modelos desfilavam na passarela dando vida aos belos modelos de finos tecidos da coleção.

Assim que terminou a demonstração de roupas e estilos para os especialistas que ali se encontravam confortavelmente sentados, começou um burburinho entre os funcionários.

Heleninha, sem paciência, com ar de superioridade e esbanjando arrogância, deu um leve grito:

– Por favor, senhores e senhoritas presentes. Peço a palavra.

Todos silenciaram e ela perguntou:

– Senhor Ismael e todos os seus prestadores de serviços, a qual conclusão chegaram sobre a minha coleção?

Renato, que estava ao lado do pai, na cabeceira da mesa, rodopiava uma caneta entre os dedos e apenas observava as pretensões da nova estagiária.

Fernando, competente e fiel amigo de Renato desde a infância, se pronunciou:

– Pessoal, vamos nos organizar e silenciar para que nosso diretor dê sua palavra.

Renato se ajeitou na cadeira e, com a caneta ainda na mão, disse sem muitas delongas:

– Bem... Para mim não serve. Mas isso não significa que todos vocês e o presidente não devam votar de acordo com o que realmente acharam das novas tendências. Com licença.

Bastante prático em suas ações, disse o que tinha para dizer e se retirou. Ismael olhou fixo para Fernando, que entendeu o recado e saiu às pressas.

O presidente, com a cooperação dos outros estilistas, fez sua votação perguntando a um ou outro qual era sua opinião.

Heleninha ficou com tanta raiva que, se as janelas da alma e os olhos pudessem revelar o que sentia com a atitude de Renato, todos iriam saber que por sua vontade ele estaria "morto".

Fernando, ofegante, entrou na sala de Renato, que não perdia tempo e já estava com seus projetos em mãos.

– O que foi aquilo, cara? Você, às vezes, me parece louco!
– Ora, dei a minha opinião. Não foi o que a estagiária pediu?
– Meu! Seu pai me olhou de um jeito que não tive como não vir atrás de você. Dá para explicar melhor, ou está difícil? A coleção da moça é maravilhosa!
– Sim.

Fernando o olhou intrigado.

– Sim? Esta é a resposta? Se você gostou, então qual é o problema? Afinal de contas, foi nossa amiga Joice quem nos trouxe essa moça...

Renato meneou a cabeça em negativa.

– Fernando, realmente foi a Joice que a apresentou e a coleção está dentro dos parâmetros de nossa empresa, que é o que nos interessa. Só que eu não gostei da estilista.
– Ah! Não creio... – o outro disse com um sorriso irônico.
– Ora! Por que não?
– Porque você não está aqui para avaliar a estilista, e sim a coleção.
– Será? Como vou conviver com uma garota arrogante, prepotente, antipática e que quer ser líder sem constrangimento algum?
– Fala sério! Achou mesmo tudo isso?

Renato estirou os lábios e fez com as mãos um sinal de indiferença.

– Fernando, minha opinião não importa porque sei que o voto dos outros foi "sim". Então esse questionamento está resolvido. Heleninha fica. Não é esse o nome dela?

Fernando olhou para Renato, por quem cultivava uma amizade maravilhosa, e deu risada. O outro também riu sonoramente.

– Ok, cara – Fernando falou preparando-se para sair. – Volto lá com essa minha cara de pau, como um moleque de recados, e informo sobre a decisão final. Você, às vezes, me parece infantil e tinhoso demais, meu!

Renato abriu um sorriso singular. Ele possuía um temperamento de difícil acesso, tudo tinha de estar certinho, em seu devido lugar. Em sua concepção, simpatia era a abertura de todas as portas.

Fernando adentrou a sala meio ofegante, pois andara bem rápido. Sentou-se e todos olharam para ele esperando uma conclusão.

— A coleção está aprovada! – disse finalmente.

Heleninha, que era a maior interessada na resposta e se encontrava em grande expectativa, não cabia em si. Ela sabia bem o que significava aquela importante conquista. A garota era osso duro de roer. Todos os outros, inclusive Ismael, mesmo pensativo sobre a atitude do filho, que conhecia muito bem, bateram palmas.

— Então todos estão de acordo. Parabéns, Heleninha – concluiu o presidente.

Heleninha sorriu e sua alma festejava a conquista que tanto desejava.

— Obrigada, senhor Ismael e todos vocês! Garanto que ficarão muito satisfeitos com o meu desempenho.

Todos saíram da sala juntamente com as modelos e cada qual foi cuidar de seu departamento. Fernando, muito gentil, ajudou Heleninha a recolher seus desenhos e todo o material que usava, e os levou para sua sala.

— Posso lhe fazer uma pergunta? – questionou a moça pelos corredores.

— Claro.

— Sei que o dono da Angels é o senhor Ismael, mas quem é aquele rapaz que saiu da sala? Parece não ter gostado do meu trabalho...

— O nome dele é Renato, diretor da empresa, filho do senhor Ismael. Não fique fazendo julgamentos precipitados. Ele é gente boa. Com o tempo você vai conhecê-lo melhor.

Heleninha, quando soube que ele era o "cara", repensou sobre o que estava sentindo em relação ao diretor, concluindo que tinha de respeitá-lo, mesmo que não temesse nada. Respirou pausadamente e resolveu esperar. Querendo ou não, teria de exercitar a paciência.

– Ah, sim. Posso estar errada e julgando ao mesmo tempo. Mas o senhor Renato não gostou de algo. Isso eu posso lhe dizer com toda a certeza.

Fernando nada respondeu. Heleninha estava certa, mas ele achou que não lhe cabia a função de preveni-la quanto às atitudes que desagradaram Renato.

Assim que chegaram à sala, a jovem ficou entusiasmada com o que havia ao seu dispor: pranchetas, lápis de todos os tipos, régua e muitos papéis para executar seus desenhos em parceria com a criatividade. Uma cadeira giratória esplêndida. Uma mesa de executiva e tudo o mais.

– Essa será a sua sala. Espero que tenha gostado – Fernando informou sorrindo.

– Sim! Gostei muito. Obrigada, Fernando, por sua acolhida!

O rapaz trocou mais algumas palavrinhas com ela e se retirou.

Heleninha precisava conquistar alguém. E esse alguém era Fernando. Por esse motivo se mostrou tão agradecida e aberta para o que ele precisasse. Na realidade, ela tinha mesmo todos aqueles defeitos que Renato podia enxergar através da imagem de boa garota. O diretor era sensível às energias, tanto negativas quanto positivas.

Capítulo 2

AVERSÃO ESPONTÂNEA

FÁTIMA ARNOLDE PELO ESPÍRITO ALEXANDRE VILLAS

Já eram mais de 20 horas quando Heleninha se arrumou para ir embora. Tinha a mania de trabalhar sem ver o tempo passar e descansava muito pouco. Assim que passou pelo corredor, percebeu que havia uma luz acesa em uma das salas. Ao longe pôde ler a placa na porta: "Diretor Renato".
No exato momento parou e depois seguiu andando pé ante pé, para que o barulho de seus passos não chamasse a atenção. Aproximou-se da porta e ficou ouvindo Renato, que falava ao telefone:
— Foi tudo bem — ele disse sem muita empolgação.
Depois fez uns segundos de silêncio, ouvindo a voz do outro lado da linha, e respondeu com um pouco de impaciência:
— Pare de fazer perguntas, garota! É um inquérito, por acaso? Eu a espero em casa para o jantar. Assim conversaremos melhor.
Renato desligou o celular, colocou o paletó, pegou sua pasta e saiu, apagando a luz. Deu uma olhada ao redor para ver se estava tudo certo e se dirigiu para o elevador. Ao se deparar com Heleninha, que havia se afastado rapidamente antes que ele saísse da sala, mostrou-se surpreso e perguntou:
— Ainda por aqui?
— Pois é, não vi a hora passar — ela respondeu secamente.
— O expediente termina às 18 horas.
Heleninha o olhou bem séria e falou:
— Antes de tudo, senhor Renato, boa noite!
— Boa noite, senhorita! Não quero que encare isso como uma reprimenda, apenas quis ser gentil ao lhe dizer o horário que o expediente da empresa termina, para não ficar sobrecarregada.
— Agradeço muito por sua gentileza, mas estou acostumada a trabalhar mais que o necessário. Além disso, os funcionários do Departamento Pessoal já me orientaram sobre esses detalhes.
— Então saia no horário estabelecido e trabalhe o quanto quiser, mas em sua casa. Não aqui na empresa.
Heleninha achou que ia ter um ataque de nervos com o que considerou uma grosseria do rapaz, mas foi obrigada a se controlar.

Nunca te esqueci, sempre te amei!

Ambos entraram no elevador e desceram. Assim que as portas se abriram, Renato estendeu a mão para que ela passasse à frente e foi o que Heleninha fez. Contudo, se pudesse avançar no pescoço dele o faria com o maior prazer. A vontade de agredi-lo era tão grande que o encarou fixamente, deixando claro que também tinha os seus poderes.

Renato ficou horrorizado com o que viu projetar-se daquele olhar fulminante. Algo estranho e importuno. Seu corpo respondeu com um forte arrepio que o envolveu inteiramente.

– Tenha uma ótima noite, senhor – disse Heleninha com um tom de ironia na voz.

E, enquanto se afastava, remexendo sensualmente os quadris, Renato desacelerou os passos e afrouxou a gravata. O suor em seu corpo surgiu nítido, molhando toda a camisa.

Ele não sentiu pela moça os atrativos comuns dos homens quando se deparam com uma bela silhueta. O que lhe ocorreu foi algo bem diferente, inexplicável até.

O jovem, sentindo as pernas sem controle, encostou-se na pilastra do prédio e esperou, elevando seu pensamento e pedindo proteção.

Heleninha, sem olhar para trás, sabia o que havia provocado propositadamente em seu intragável diretor e se regozijava por isso.

Renato, por sua vez, depois de alguns segundos com o pensamento voltado a Deus, sentiu-se melhor e caminhou devagar até o estacionamento. Entrou no carro e foi para casa ainda impressionado com o que acabara de vivenciar.

Capítulo 3

UM ESTRANHO SONHO

Renato chegou em casa muito melhor, porém pensativo. Sua mãe, Jussara, o recebeu com um abraço reconfortante, como se soubesse que ele precisava de boas energias.

Logo tomou um banho e ficou à espera de Joice, para jantarem juntos com seus pais.

Estavam todos à mesa conversando, rindo descontraidamente. A noite era alegre e agradável para todos.

— Meu filho, o que houve com você hoje?

Renato deu um gole no saboroso vinho e olhou para o pai.

— Como assim? Em que momento?

— Poxa, filho, em que momento? Após a apresentação de Heleninha, você saiu e ainda por cima desaprovando a coleção.

— Não. Não desaprovei a coleção, apenas não aprovei a estilista e isso é bem diferente.

— Perdi alguma coisa? — perguntou Joice, já que tinha a ver com o assunto. — Não gostou da Heleninha, Renato? Você não comentou nada sobre isso comigo!

— Quer que eu seja sincero? Eu não quis mesmo comentar nada naquela hora em que nos falamos ao celular. Achei que era assunto para ser tratado pessoalmente. E, diga-se de passagem, ainda bem, pois a senhorita Heleninha ainda estava lá.

— Sim... Claro. Sinceridade sempre, meu querido. Mas, como assim, a Heleninha estava lá? Quer dizer, na empresa?

— Sim, na Angels. Desculpe, minha amiga, mas eu não gostei mesmo dela. Porém isso não é motivo para desapontamentos, pois todos já votaram a favor de sua contratação.

Joice silenciou, pois não queria se envolver demais naquele assunto. Apenas fizera um favor, atendendo a um pedido dos pais da estilista.

— Meu querido, houve algo em especial para você não gostar da jovem? — questionou Jussara.

— Não, mãe, nada em especial. Apenas acho que sou um tanto quanto chato. Talvez minha postura seja exagerada.

Nunca te esqueci, sempre te amei!

Arrogância e prepotência são atributos que eu não consigo engolir.

Ismael o olhou curioso e perguntou:

— Como assim? Aconteceu mais alguma coisa de que ainda não tomei conhecimento?

— É, pai... Mas nada preocupante. Quando nos cruzamos, na saída, senti algo muito estranho que se projetou dela. Não sei explicar exatamente, mas uma energia forte, sem sentido... Porém bastante negativa.

Jussara, intrigada com aquela conversa, olhou para Joice:

— Quem é essa moça? De quem vocês estão falando, afinal?

— É a minha afilhada. Chama-se Heleninha e é filha da Berenice e do Luis Carlos. A senhora não se lembra dela?

— Acho que agora quem perdeu alguma coisa fui eu — Renato falou, dando a entender que sentira algo no ar.

— Ah, bobagem! — a mãe respondeu fazendo um gesto de indiferença. — Eu tenho uma vaga lembrança dela. Aliás, uma vaga lembrança dos pais dela. Os nomes não me são totalmente estranhos.

— Dona Jussara, Heleninha é aquela garota que anos atrás teve um problema de saúde. Lembra-se?

Jussara ficou pensativa por alguns instantes e depois disse meneando a cabeça em sinal positivo, enquanto enrugava levemente a testa:

— Ah! Sim... Mas isso faz muitos anos. Ela era uma garotinha ainda.

— Pois então, é ela.

— E como ela está agora?

— Mudou muito, tornou-se uma moça muito bonita e tem saúde para dar e vender — respondeu Joice, meio confusa com as impressões negativas que Renato estava tendo de sua afilhada.

— Hei... Hei... Espere um pouco! Vocês estão falando da mesma garota que eu? A que está trabalhando como estilista em nossa empresa?

— Sim, Renato. Ela se formou e é uma ótima profissional. A pedido dos pais de Heleninha, falei com o senhor Ismael e ele concordou em dar uma oportunidade de trabalho a ela.

O rapaz lançou para o pai um olhar questionador.

— Pai, foi o senhor que autorizou essa garota a fazer estágio lá na empresa?

— Sim. Eu disse a você que uma nova estilista, apresentada por Joice, iria estagiar conosco. Lembro-me perfeitamente bem de você ter concordado! O que houve agora?

Renato ficou em silêncio por alguns segundos, tentando se lembrar dessa conversa, mas foi em vão. Nada lhe veio à memória.

— Engraçado! Não me recordo de nada. Será que estou ficando paranoico?

— Ah! Pare com isso, amigo — Joice falou encarando-o bem-humorada. — Claro que você não está paranoico, apenas não se recorda, o que é perfeitamente normal com todas as atividades que desenvolve na empresa.

— É, de repente me fugiu esse episódio — ele concordou, mas sem muita convicção. Olhou para todos que estavam à mesa e completou: — Bom, vamos esquecer essa moça! Afinal, amanhã continuaremos a cuidar dos problemas lá na empresa.

— Mas, meu filho, se você não gostou da funcionária, nós temos que falar a respeito — Ismael ponderou.

— Pai, esquece! Eu sou assim mesmo. Se todos da diretoria aprovaram, vai ver que eu devo estar procurando "pelo em ovo".

— Tem certeza?

— Claro que sim. Não sou mais criança, pai!

— Então está tudo bem. Vamos mudar o rumo dessa conversa.

Realmente mudaram de assunto, riram e o clima ficou harmonioso. No entanto, Jussara, estudiosa desde cedo da

Doutrina Espírita, ficou cismada, pois se lembrou da época em que Heleninha havia dado muito trabalho aos seus pais.

A noite terminou tranquila. Joice se despediu de todos e foi embora. Renato também foi para o seu quarto. Entrou no banheiro, fez sua higiene, trocou-se e deitou, deixando o abajur aceso para ler um pouco. De repente, sem esperar, sentiu sua cama se remexer levemente.

Levantou-se rápido, achando que algo como um terremoto havia movimentado a estrutura da casa. Saiu ao corredor e viu que tudo perfeitamente normal. Aproximou-se do quarto dos pais e o silêncio ali era total.

Sem entender nada e sem pensar em algo sinistro, voltou para o quarto, deitou-se, apagou a luz do abajur e relaxou para descansar. Adormeceu profundamente, mas se viu em uma residência muito antiga, com janelas e portas enormes.

Estava em um quarto bem amplo. Os móveis eram antigos, mas luxuosos. Renato dormia em uma grande cama, cercada com uma leve cortina de renda, e havia uma linda jovem ao seu lado que atendia pelo nome de Maria Helena. Ela tinha um semblante tranquilo, pele alva e uma suavidade singular em seus gestos. Chegou bem perto e sorriu, depois o deixou dormir tranquilamente, voltando a se acomodar em meio aos travesseiros.

De repente, uma voz bem nítida se fez ouvir: "Thomas... Thomas... Ela não te ama, ela só pensa nas posses de que dispõe em sua vida vazia e sem graça. Largue-a! Ela não te merece".

E o sonho se prolongou por toda a noite.

Quando Renato acordou, apenas breves *flashes* do sonho lhe vieram à mente, mas não prosseguiram. Ele ainda estava na cama e, como aluno aplicado de estudos espirituais, sabia que para se recordar de algum sonho revelador, devia haver tranquilidade, antes de qualquer movimento brusco. Só assim as cenas do sonho seriam absorvidas por inteiro, mostrando possíveis realidades de vidas passadas. Porém nada mais aconteceu.

Assim que se sentou, Renato sentiu-se cansado e com o corpo pesado. Não se importou, foi para o banheiro e deixou a água fazer seu esplêndido trabalho, que é o de limpar a aura, renovando as energias.

Muitas vezes, acordamos com a sensação de ter trabalhado a noite toda. Nem sempre, porém, refere-se a algo muito importante. Ocorre que a alma apenas obedeceu à chamada de entidades superiores para atividades espirituais, em desdobramento. Esses chamados tanto podem se referir à realização de tarefas quanto de esclarecimentos necessários para que o Espírito encarnado possa compreender a razão de situações que esteja vivenciando em determinados momentos de sua vida.

Capítulo 4

CONFRONTOS

Renato tomou seu banho e se sentiu revigorado. Contudo, as lembranças daquele sonho iam e vinham. Depois de se impacientar com aquelas inquietações, balançou a cabeça negativamente, como a dizer: "O que importa?".

Desceu e encontrou seus pais postos à mesa para o café da manhã.

— Bom dia! — cumprimentou com um sorriso feliz nos lábios.

— Bom dia, filho! — respondeu Jussara com ar de surpresa. — Nossa, parece ter descansado bem!

— Como um anjo, mamãe!

Ismael, preocupado, interveio:

— Isso é bom, meu filho, pois precisa pensar em como fará para conviver com Heleninha!

— Pelo visto, quem não descansou foi o senhor. Esqueça, pai. Essa moça não vai me incomodar em nada, ela ficará em sua salinha e eu na minha. Pronto, resolvido.

— Você fala como se nunca tivesse lidado com isso, mas vocês trabalham juntos. Além disso, pode dizer o que quiser, mas tem de admitir que ela é uma ótima estilista! E, nas atividades da empresa, os dois terão de interagir sempre que necessário!

— Ok, pai! Quanto a vê-la, é óbvio que vou ter de conviver com sua presença desagradável. Mas o senhor não deve se preocupar, afinal, nunca teve queixas de minha pessoa com os outros funcionários. Ou teve e eu não fiquei sabendo?

— Oh, meu filho, claro que não! Você sempre foi atencioso e gentil para com todos.

Enquanto pai e filho conversavam, Jussara apenas observava. Na noite anterior, havia dialogado com o marido, em tom baixo para que Renato não ouvisse, sobre a nova funcionária.

Ambos se recordaram de sua internação, na época em que Madalena e Francisco, pais de Joice, pediram auxílio espiritual para que a menina ficasse curada.

Nunca te esqueci, sempre te amei!

Foi um trabalho de muita fé e disciplina, realizado quase que diariamente. Com certeza havia dado bons resultados, pois a garotinha ficou bem.

Os anos se passaram e nunca mais souberam nada sobre Heleninha. Ismael e Jussara já nem se lembravam mais da menina, pois as atividades que desenvolviam, tanto no campo material quanto no espiritual, eram muito intensas.

O café terminou e cada um foi cuidar de seus compromissos. Ismael e Renato foram para a Angels e Jussara ajudou Benedita a tirar a mesa, com pensamentos contínuos.

Assim que chegaram à empresa, Ismael foi direto para a confecção, pois adorava ver a produção, e Renato para a sua sala. Tranquilamente tirou o paletó e o apoiou no encosto da cadeira, sentou e pegou alguns documentos para analisar.

Fernando bateu à porta, que se encontrava semiaberta.

— Bom dia, amigo!

— Bom dia, Fê.

— Trouxe alguns documentos para você assinar liberando compra de tecidos.

— Compra de tecidos?

— Sim!

— Para quê? Meu pai já não olhou tudo lá embaixo na confecção, dando ok?

— Sim! Mas essa compra é para a Heleninha.

Renato jogou o corpo para as costas da cadeira e respondeu:

— Não se preocupe, Fernando, isso pode ficar para depois. Peça a ela que venha à minha sala.

— Ok.

Fernando saiu e, em poucos minutos, bateram levemente à porta. Era a estilista. Renato a olhou e pediu que entrasse:

FÁTIMA ARNOLDE PELO ESPÍRITO ALEXANDRE VILLAS

— Sente-se – pediu ele.
Heleninha sentou. Mas não poderia deixar de provocar:
— Bom dia, senhor Renato!
— Desculpe. Bom dia, senhorita Heleninha!
— Acho que agora o dia começou bem.

Heleninha era osso duro de roer e fazia questão de deixar isso bem claro. Renato nada disse, apenas se levantou e ficou em frente à sua enorme prancheta, que tinha vários modelitos.

— Aproxime-se, senhorita Heleninha.

A jovem se aproximou e ficou a olhar fixamente para aqueles modelos que Renato folheava um a um.

— Está vendo isto aqui?
— Sim, claro!
— Pois bem, gostaria de lhe pedir para que repassasse todos os desenhos.

Heleninha olhou para ele com ódio.

— Não estou entendendo.
— Simples! Você é nossa nova estagiária. No entanto, preciso reavaliar os detalhes de seu riscado. Então, para nos entendermos, gostaria que desenhasse todos esses modelos. A partir daí veremos se serão aprovados, antes de comprar mais tecidos para a sua coleção.
— Não estou entendendo! Sou uma estilista profissional. Meus desenhos fazem muito sucesso!
— Heleninha, aqui não serão confeccionadas somente as suas coleções, e sim de vários outros clientes também. Para isso, precisamos da cooperação de todos.
— Está querendo me colocar como aprendiz? É isso?
— Não! Não! Você que está me julgando sem ter fundamentos para isso. Pense bem, não me coloque como uma pessoa pegajosa e chata. Apenas desejo que treine. Será muito bom para você. As despesas são muito bem contabilizadas aqui na Angels. Nós não perdemos nada. Entendeu? Não há desperdício algum aqui.

Nunca te esqueci, sempre te amei!

Heleninha estava convicta de que Renato não ia mesmo com a cara dela e a recíproca era verdadeira. Sua vontade era de responder à altura, lançando-lhe desaforos e os nomes mais baixos que passavam por sua cabeça. Contudo, foi obrigada a engolir o amargor de sua própria raiva e perguntou fingindo tranquilidade:

– Para quando quer esses desenhos todos?
– Para amanhã.
– Com toda a certeza, ao fim da tarde estarei com eles.
– Agradeço muito, senhorita Heleninha.
– Por favor, me chame apenas de Heleninha. Afinal, essas formalidades todas não condizem com a minha pessoa.
– Como quiser, Heleninha. Pode pegar todos os desenhos e levar para a sua sala. Ah! E se der o término do expediente, pode levá-los para casa, se quiser. Só não quero que fique aqui além do horário. Não seria justo contigo!

Heleninha estava queimando por dentro, literalmente. De seus olhos parecia sair uma leve fumaça, mas Renato não se deu ao trabalho de ficar olhando-a apanhar os desenhos.

A jovem, sem dizer mais uma palavra sequer, pegou tudo o que pôde e saiu.

Capítulo 5

O CONVITE

Heleninha entrou em sua sala, jogou todos os desenhos sobre a mesa e a seguir se jogou na cadeira. Com a ira que vibrava em sua alma, ficou em silêncio por longos minutos.

Depois de algum tempo, passou a mão no rosto delicadamente, para não borrar a maquiagem, e voltou ao normal, como se nada houvesse acontecido. Quer dizer, tentou harmonizar a "outra", que sempre se punha na frente.

Saiu de sua sala com elegância e foi procurar por Fernando.

– Posso entrar?

– Oh! Claro.

– Preciso de um ombro amigo – disse com voz manhosa.

Fernando demonstrou comoção.

– Sente-se e fique à vontade.

Heleninha sentou-se e dobrou as belas pernas. O rapaz, embora disfarçando, não teve como não admirar.

– O que houve? Parece um pouco nervosa.

– Não... É impressão sua. Vim lhe fazer um convite.

– Puxa! A que devo a honra?

– Gostaria tanto de ir jantar fora! Será que você pode me acompanhar? Quer dizer, se não for te atrapalhar ou, quem sabe, já tenha outro compromisso?

– Sabe que pensei a mesma coisa? Eu ia convidá-la para sairmos.

A estilista fingiu surpresa.

– É mesmo? Que coincidência!

– Então está combinado. A que horas passo em sua casa? – ele perguntou todo animado.

– Não é preciso. Combinamos o restaurante e nos encontramos lá. Fica bom para você e para mim.

– Ok, então! – Fernando falou sem conseguir disfarçar o quanto estava empolgado.

Combinaram o restaurante e Heleninha foi para sua sala começar a maçante tarefa imposta por Renato.

Nunca te esqueci, sempre te amei!

Fernando deu um tempinho e correu até a sala do amigo.

— Posso entrar?

— Claro!

Fernando sentou-se e, mais do que depressa, contou a novidade:

— Adivinha com quem vou sair hoje.

Renato o analisou por uns segundos e respondeu rindo:

— Hum... Já sei! É com a Lady Gaga.

O outro movimentou a cabeça para os lados.

— Bestalhão! Só você mesmo, com suas piadinhas sem graça.

— Ué, mas não é por ela que você é apaixonado? Pela sua cara, só poderia ser uma musa...

— Vai brincando, vai! — Fernando falou com um sorriso maroto.

— Diga logo, rapaz. Com quem vai sair para estar assim tão animado?

— Com a mais nova funcionária da Angels Brasil.

Renato o olhou com um ar de incredulidade.

— O quê? Você vai sair com a Heleninha?

— Sim. Não é o máximo?

O diretor da Angels o olhou com extrema seriedade antes de prevenir:

— Fernando, eu acho que você deveria tomar cuidado.

E o comentário não foi bem recebido.

— Por que você é tão estraga-prazeres? Aliás, nunca o vi com tanta resistência como vem tendo em relação a essa moça, coitada!

— Pois é, linda, sensual, inteligente, exuberante... Não é assim que a vê?

— É exatamente isso que vejo e acho!

— Então, cuidado! Você não acha que é muita perfeição para uma pessoa só? — Renato fez a observação e logo voltou a sorrir. – Mas, deixando de ser implicante, eu fico feliz por você, já que está empolgado feito um molequinho que acabou de ganhar presente do Papai Noel!

Entretanto, apesar do modo descontraído como ele disse as últimas palavras, Fernando permaneceu sério.

– Como você pode ser tão analítico assim? – questionou encarando o amigo.

– Não sou nada disso – Renato contestou. – Apenas temos gostos diferentes.

Mas o outro não se deu por vencido.

– Acho que não, meu amigo. Eu o conheço o suficiente para saber que Heleninha é uma garota com quem você também sairia sem titubear.

Renato não sustentou por muito tempo o olhar inquisidor do amigo. Deu de ombros e disse em tom decisivo:

– Oh, cara! Pare com essas ideias e vá trabalhar. Divirta-se, pois você merece muito.

Renato e Fernando viviam juntos desde pequenos e se amavam muito. Afinidade de irmãos mesmo. Ismael, quando jovem, conviveu com os pais de Fernando e precisou muito deles e de Fabio, o filho mais velho do casal. À época estava difícil de manter a família. Ismael já tinha o dom da boa costura, mas deixou faltar muita coisa em sua casa para se formar como deveria.

Os pais de Fernando e Fabio tomavam conta de Renato para que Jussara e Ismael pudessem trabalhar e conquistarem, futuramente, a condição de empresários bem-sucedidos à custa de muito empenho, dedicação e disciplina.

Os pais de Fernando e de Fabio acabaram desencarnando ainda jovens, por conta de um acidente de carro, mas a amizade entre os membros das duas famílias continuou, a ponto de parecer que formavam uma só família. Os papéis haviam se invertido e agora eram os pais de Renato que auxiliavam os irmãos órfãos a descobrirem qual o caminho a seguir.

Ambos foram amparados e bem orientados em todos os sentidos. Fabio fez faculdade de Engenharia Civil e passou a exercer a profissão logo após a formatura. Fernando se tornou um importante funcionário da Angels Brasil, além de seguir cultivando um forte e sincero amor fraternal por Renato.

Fernando saiu da sala do amigo um pouco pensativo, mas não o suficiente para perder o entusiasmo. Renato, por sua vez, encostou-se na cadeira e ficou pensando em Deus.

Por intermédio de seus pais, fora apresentado desde cedo a uma doutrina filosófico-espiritual na qual pôde absorver profundos conhecimentos sobre a destinação do Universo e todas as coisas existentes nele. Constatou, por exemplo, que tudo o que existe no planeta Terra possui uma particularidade: os reinos animal, vegetal, mineral... Enfim, tudo que compõe o planeta desprende energia.

Contudo, o único que pode lançar energias físicas e espirituais é o homem. As energias físicas são inerentes a tudo. As energias espirituais são exclusividade do ser humano, ou do "reino hominal", como concluíra em seus estudos e observações pessoais.

A partir de sua força mental, o homem pode levar energias a qualquer ponto do universo em fração de milésimos de segundos. Sendo assim, Renato, em um piscar de olhos, intuiu o que, no fundo, já não era novidade para ele: Heleninha não representava bom sinal com as energias estranhas que projetava quando contrariada.

E seu amigo Fernando talvez não soubesse lidar com as sensações que o envolviam quando estava na presença da jovem. Ele não sabia dizer exatamente que tipo de energia aquela garota emanava. Contudo, havia a certeza de que não era positiva.

Renato voltou de seus pensamentos como num sopro.

– Senhor Renato... Senhor Renato – chamou a secretária.

– Pois não, Zuleica.

– Assustei o senhor?

– Não... Claro que não. Eu é que deveria estar em terra firme – sorriu o jovem.

– Seu pai o está chamando lá embaixo na produção.

– Obrigado.

Renato apanhou seu paletó e desceu. Ao passar pelos corredores, Heleninha, que estava desenhando o mais rápido que conseguia, parou para olhá-lo de longe e ver aonde ele ia. Levantou-se de frente à sua enorme prancheta e, através da vidraça, seus olhos conseguiram alcançar o diretor. Ficou ali até que o perdeu de vista.

Assim retomou as atividades ficou pensando nele com tanta insistência que acabou se irritando, "Ai que raiva!". Jogou seu grafite longe. "Por que ainda não consegui fazer com que se ligue a mim?", e seu pensamento foi tão forte que quase se tornou audível.

O expediente chegou ao fim e todos foram para seus lares. Concentrada em seus desenhos, Heleninha olhou para o relógio e viu que haviam se passado dez minutos do seu horário de sair.

– Minha nossa! Tenho de ir agora ou o implicante do Renato vai ficar me perturbando de novo.

Rapidamente organizou as suas coisas e também se foi.

Capítulo 6

O ENCONTRO

Assim que Heleninha entrou em casa, sua mãe, que estava arrumando a mesa para o jantar, sentiu algo de muito estranho nela.

— Boa noite, filha! Já chegou? Achei que talvez demorasse mais, como de costume.

— Pois é, mas o insuportável do Renato não quer que eu fique após o horário de saída. A senhora acredita que o imprestável me disse que, se eu quisesse terminar meu trabalho, teria de ser aqui em casa? Deixou bem claro que o expediente na empresa termina às 18 horas.

— Talvez seja a norma da empresa. É melhor não bater de frente com o senhor Renato. Afinal de contas, ele fez uma gentileza à Joice ao contratá-la.

Heleninha encarou a mãe com um olhar de indignação.

— A senhora está querendo insinuar que eu não estou apta para trabalhar lá?

— Não, querida. Não foi isso que eu quis dizer. Mas precisamos aceitar o fato de que a Joice tem uma grande participação nisso.

Heleninha olhou para a mãe como se desejasse exterminá-la e começou a subir a escada em direção ao seu quarto, que ficava no segundo piso. Berenice, na mesma hora sentiu que a filha estava sofrendo uma severa influenciação espiritual. Algo estranho fez com que ela congelasse. A moça continuou a subir e, ainda nos primeiros degraus, ouviu da mãe:

— Aonde vai?

A estilista parou e olhou para baixo, de onde Berenice a observava, externando um forte sentimento de insegurança e preocupação.

— Vou jantar fora com um amigo e não tenho hora para voltar.

— Mas quem é esse amigo?

— Ele trabalha na empresa, mãe. A senhora não o conhece.

Heleninha continuou a subir. Berenice sentou-se assustada, sussurrando para os seus próprios ouvidos:

– Meu Senhor, pelo amor que tens, não deixe que a "outra" volte!

Depois de uma hora de banho e arrumação, Heleninha desceu.

– Aonde pensa que vai assim? – questionou João Carlos, o irmão. Ele e o pai tinham acabado de chegar.

– Não é da sua conta!

Todos a olhavam perplexos.

– Mas não acha que está exagerada, minha filha? Seu irmão tem razão.

Heleninha estava com vestes extravagantes demais. Não parecia uma moça de boa educação. A maquiagem exagerada e o vestido vermelho, rendado, com os sapatos combinando faziam com que parecesse uma garota de programa.

– Por que, quando me arrumo para uma ocasião especial me criticam, como se eu fosse uma garota qualquer?

– Porque está parecendo uma garota qualquer – interveio o irmão.

Ela o fuzilou com o olhar.

– É isso o que pensa de mim, João?

– Eu não sairia com uma garota assim – o irmão confirmou, encarando-a também. – Espero que não seja ninguém importante!

Heleninha ficou muito contrariada e, definitivamente, a contrariedade não é uma boa conselheira. Berenice, que sentia algo estranho pairando no ar, interferiu:

– Ai, gente! Deixe-a! Vá, minha filha, você está linda!

A moça voltou a se aprumar.

– Bem! Tchau para todos.

Saiu remexendo os quadris, de modo provocativo. Naquele momento, movida por algo ilusório que a dominava, pensava ser a mulher mais fascinante do mundo. Entrou no táxi e se foi.

Quando Heleninha chegou ao restaurante, onde havia combinado de se encontrar com o Fernando, ele a esperava com ansiedade. Assim que ela deu o ar da graça, o rapaz se levantou fascinado por seu extravagante visual. Ele já não enxergava o óbvio, o que todos, com olhares espantados, cochichavam pelas mesas.

– Demorei? – ela perguntou olhando-o nos olhos.

– Claro que não! – ele respondeu e, gentilmente, puxou a cadeira para Heleninha se sentar.

Ao contrário da moça, ele estava elegantemente vestido, mas esse detalhe passou despercebido para a estilista, que só tinha olhos para admirar a sua própria exuberância.

– Quer beber algo antes de pedirmos o jantar? – Fernando perguntou.

– Sim, um uísque duplo, sem gelo – Heleninha respondeu de imediato.

Ele ficou surpreso com a resposta e achou melhor sugerir algo mais brando:

– Pensei em degustarmos um bom vinho, se você não se importar, é claro...

Heleninha sorriu de forma enigmática, não deixando claro se concordava de verdade com ele ou se apenas acedia, já que aquela era a vontade do rapaz.

– Ah! Sim, ótima ideia.

E assim foi feito. Fernando pediu a carta de vinhos e escolheu o melhor. Depois de servidos, passou a bebericar com classe enquanto Heleninha entornava a taça com uma avidez impressionante.

No começo, Fernando ficou intrigado e um pouco constrangido, porém, sob o efeito do álcool e envolvido pelas energias contagiantes da estilista, acabou se liberando também.

Comeram à vontade, beberam mais de duas garrafas de vinho e riram a valer. Estava tudo indo muito bem, como Heleninha esperava e o encontro terminou na cama.

De madrugada, o rapaz ingênuo de boa índole, ficou estirado no leito, sem energia alguma, enquanto a estilista, rindo sonoramente, vestiu-se, chamou um táxi e foi embora, pois teria um dia cansativo pela frente. Precisava terminar os desenhos que seu diretor mandara fazer.

Capítulo 7

O PASSADO DE VOLTA

FÁTIMA ARNOLDE PELO ESPÍRITO ALEXANDRE VILLAS

Assim que a moça entrou em casa, acendeu um abajur que ficava posicionado no canto da sala.

– Heleninha... – a voz da mãe a surpreendeu.

– Sempre a mesma coisa. Heleninha, Heleninha. O que faz acordada, parecendo um zumbi? Sei que é moda agora em vários canais, mas deveria ter mais imaginação. Reinvente-se! – a estilista ria sonoramente, sem escrúpulos nenhum.

– Pare com isso, já. Vai acordar todos da casa – Berenice ralhou com ela.

– Está falando daqueles dois que se dizem meu pai e meu irmão? – Heleninha zombou com voz ríspida. – Deixe-me, está bem? Tenho coisas para fazer hoje e não há tempo para conversa fiada.

A mãe a olhava com o coração apertado.

– Meu Deus... Como consegue chegar nesse estado e ainda ir trabalhar como se nada tivesse acontecido?

– Sou assim, senhora mamãe. Dormir é perda de tempo – disse enquanto subia as escadas.

Berenice colocou as duas mãos na cabeça.

– Você não é minha filha. Volte para o lugar de onde nunca deveria ter saído!

Heleninha parou, olhou fixamente nos olhos de Berenice e a congelou por alguns instantes. Até que pudesse subir e não ouvir mais nada.

– Chega, dona Berenice. Preciso trabalhar!

Foram as últimas palavras da jovem, nem um pouco preocupada com a mãe que ficara paralisada, até que as densas energias lançadas sobre ela se dissipassem.

Quando Berenice voltou a si, já havia sinal dos primeiros raios de sol a se infiltrarem pelas vidraças. Viu-se sentada no mesmo lugar, com a luz do abajur acesa. Passou as mãos

Nunca te esqueci, sempre te amei!

pelos cabelos e se lembrou do que havia acontecido naquela madrugada.

— Meu Deus! Senhor Nosso Pai, diga-me que nada disso aconteceu com minha filhinha — pensou alto, na tentativa de se convencer de que foram apenas memórias amargas e lembranças do passado.

Levantou-se, ainda atordoada, e foi ver se a empregada já havia colocado água para o café.

Luis Carlos e João logo desceram e se sentaram à mesa.

— Bom dia! — disseram a uma só voz.

— Bom dia, meus queridos.

— E sua filha, onde está?

— Logo deve descer também. Vamo-nos servindo.

Passados alguns minutos, Heleninha, como uma impecável funcionária, desceu e juntou-se a eles.

— Bom dia, pessoal!

— Bom dia! — responderam todos juntos.

A jovem era outra pessoa em relação à noite anterior. Luis e João olharam para Berenice como se nada estivessem entendendo.

— Como foi o jantar com o seu amigo ontem? — o irmão perguntou sem conseguir conter a curiosidade.

— Muito bom. Fomos a um ótimo restaurante. Está satisfeito, irmãozinho? — Heleninha debochou.

Quando ele ia responder, a mãe interferiu:

— Alimente-se, meu filho. Você já está atrasado.

João Carlos entendeu o recado. Terminou seu café e saiu.

O pai, como todos os que sentem algo no ar incomodando, pousou sua mão sobre a de Heleninha e perguntou:

— Está tudo bem, filha?

— Sim, papai! Por que a preocupação?

— Parece que não dormiu — ele olhou para a pasta que Heleninha havia colocado sobre a mesa. — Fez todos esses desenhos?

— Sim! Meu chefe, o senhor Renato, me pediu para entregar hoje.

— Mas tudo isso? E precisava fazer todos de uma só vez?

— Precisava sim, meu pai. Ele é exigente e talvez esteja testando minha capacidade. Pois hoje vou mostrar a ele e a todos os que não confiam no meu taco que estão enganados.

— Quem disse, minha filha, que não sabemos a ótima profissional que é?

— Todos vocês deixaram claro que foi Joice quem me colocou na Angels Brasil. Pois aqui estão todos os desenhos, prontos e perfeitos.

Heleninha pegou a grande pasta com todos os desenhos, pousou um beijo nos pais e saiu.

— Até mais tarde. Passem bem o dia.

Assim que ela saiu, Berenice, sem mais suportar a dor, começou a chorar. Luiz se assustou.

— O que foi, Berê?

— Não é nossa filha. A outra voltou, e veio com propósitos.

— Do que está falando, meu amor?

— Essa moça educada e recatada que acabamos de ver tem alguma coisa a ver com a de ontem? Diga-me, Luis.

Ele abraçou a esposa desalentada e entendeu que realmente algo não estava no lugar.

— O que vamos fazer agora? – perguntou com tristeza.

— Vamos dar mais um tempo e, se precisar, teremos de procurar "você sabe quem"!

Abatido e preocupado, Luis ficou abraçado à esposa por longos instantes, relembrando momentos perturbadores do passado.

Capítulo 8

NOVOS CONFRONTOS

Quando Heleninha chegou, Renato já estava em sua sala. Passando pelo corredor, ela pôde ouvir parte da conversa que o jovem diretor travava ao telefone:

— Puxa, que bom, amiga! Quer dizer que conseguiu mais um hotel para administrar?

Por alguma razão, o aparelho estava em viva-voz, o que permitiu que a estilista ouvisse também a voz da pessoa que dialogava com ele.

— Sim, Renato, estou feliz! Meu desejo era tão grande de conseguir alguns hotéis quando terminei a faculdade de hotelaria, mas jamais imaginei que as coisas pudessem dar tão certo.

— Você merece, porque é muito dedicada. Sempre se esforçou para chegar onde, aos poucos, está chegando. Disciplina, hein? Parabéns!

— Obrigada, meu querido! Talvez eu tenha de ir para o Rio de Janeiro. Você, como um ótimo amigo, não iria comigo?

— Claro que sim. Veja quando irá e me avise. Assim terei tempo de me programar para viajarmos juntos.

— Ok. Bem, agora vamos trabalhar. Beijos.

— Beijos — respondeu Renato, desligando o aparelho.

Heleninha andou em passos lentos para dar vazão à sua curiosidade. Assim que passou defronte à sala de Renato, não teve como o diretor não vê-la.

— Bom dia, senhor Renato! — ela cumprimentou com certo ar de desdém.

— Bom dia! — ele respondeu, assustado com a presença inesperada da jovem.

— Vou até minha sala e já volto — disse Heleninha com a arrogância que lhe era peculiar.

Renato, em seus pensamentos, a achava insuportável. Não sabia dizer o que era, mas havia algo mais além de sua prepotência e arrogância. Tinha vontade de falar muitas coisas que pensava a respeito dela. Contudo, bem-educado, sabia que certas vibrações negativas seriam prejudiciais a ambos.

Logo depois ela retornou e bateu levemente à porta que estava entreaberta.

– Com licença. Posso entrar?

– Sim.

Heleninha entregou a pasta com todos os desenhos que ele havia pedido.

– O que é isso? – ele perguntou meio surpreso.

Ela deu um profundo suspiro e falou secamente:

– Devia se ligar mais no trabalho! Não pediu que eu riscasse os desenhos da coleção de outra empresa? Pois bem, aí estão todos eles.

Renato se sentiu meio confuso com o que acabara de ouvir. Primeiro, custou a lembrar da ordem dada no dia anterior e, quando conseguiu se lembrar, achou que era pouco tempo para que ela tivesse desenvolvido uma tarefa tão grande.

Tirou um dos croquis e analisou cada detalhe riscado. Olhou com muita admiração, até que chegasse ao último. Devolveu todos à pasta, alinhadamente, e disse, demonstrando satisfação:

– Obrigado! Ficaram muito bons.

A estilista abriu um sorriso triunfal e debochou:

– O que isso quer dizer? Que estou aprovada?

– Senhorita Heleninha, se não fosse aprovada, desde que foi indicada por Joice, não chegaria nem a riscar esses modelos. Devo lhe dizer que estou satisfeito com a sua dedicação e isso é tudo.

Ela continuava sorrindo e havia um certo ar de zombaria em seu rosto.

– Espero que consiga confiar em meu profissionalismo.

– E eu espero que a senhorita seja o mais profissional possível – ele retrucou virando-lhe as costas.

Heleninha sentia os nervos trêmulos de tanta raiva. Seus olhos não escondiam o quanto desejava humilhá-lo. Às vezes, o rapaz sentia um pouco de receio dela, mas se esforçava para não demonstrar. Heleninha, sem mais nada a dizer, esticou a mão para pegar de volta a pasta, mas Renato se voltou e interveio:

— Não é para levar!

— Como não? Fui eu quem trabalhou horas e horas... Nada mais justo que, como funcionária, eu fique com eles. Guardarei com muito carinho...

Ele a olhou bem sério.

— Não! Ficarão comigo. Se precisar que você os use, eu aviso.

Heleninha, sem dizer mais nada, rodopiou nos calcanhares e saiu bufando.

Renato abriu a pasta outra vez e voltou a olhar os desenhos. Sentiu que a jovem era muito boa naquele tipo de trabalho. "Como ela conseguiu refazer todos os modelos em tempo recorde?" – perguntava a si mesmo, intrigado.

De tempos em tempos, surgem pessoas que vão se destacar de alguma maneira. São sábios, cientistas de toda ordem e da ciência da engenharia. São os grandes artistas da música, pintura, das artes; os profissionais da medicina, da engenharia biomolecular e daí por diante. Muitas vezes nos questionamos porque tais pessoas são tão prodigiosamente evoluídas, como se tivessem sido escolhidas por Deus.

Mas, na verdade, não se trata de pessoas que Deus tenha agraciado com dons especiais, diferenciando-as dos outros seres humanos. O Criador é justo e igual para com todos. O que ocorre é que, na medida em que passamos por várias encarnações, vamo-nos aprimorando e evoluindo cada vez mais nos aspectos intelectual e moral – ou espiritual – como podemos também dizer.

Nunca te esqueci, sempre te amei!

Contudo, existe o que nomeamos de livre-arbítrio, atributo que Deus nos concedeu por direito, ou seja, podemos ou não melhorar de acordo com a nossa própria decisão.

Eis aí a grande diferença. Se não queremos ter trabalho de aprender e ajudar os nossos semelhantes, conduzindo-os e nos conduzindo para o caminho do bem, estaremos reservando para o futuro uma condição estacionária e, consequentemente, limitada e dolorosa.

Se nos deixarmos levar pelo "falso brilhante" das ilusões do mundo, acabaremos nos entregando aos prazeres da matéria transitória e, assim, estacionaremos no limbo da ignorância.

Prestemos atenção em nosso comportamento diário. Iniciemos imediatamente a nossa mudança interior. Entremos, decididamente, em um plano de recuperação moral, sem nos preocuparmos com o que vão dizer aqueles que nos acompanham na sordidez dos vícios e das maldades.

Libertemo-nos do rancor, do ódio e da inveja; clamemos a Deus que nos ajude no caminho da humildade. Desfaçamo-nos do orgulho, da prepotência, da corrupção moral e física em troca do amor puro e da caridade. Auxiliemos aqueles que passam ao nosso lado, mesmo que seja somente com palavras e gestos de bondade.

Agindo assim, conseguiremos nos elevar de maneira que, também nós, depois de algumas experiências encarnatórias, venhamos a nos transformar em uma dessas pessoas especiais, de elevado conhecimento moral, cultural e espiritual.

Lembremo-nos de que esses Espíritos missionários não se educaram em uma simples vida e que todos nós, com a ajuda de Deus, temos possibilidade de nos elevarmos em todos os sentidos. É imprescindível nos esforçarmos para que isso aconteça.

FÁTIMA ARNOLDE PELO ESPÍRITO ALEXANDRE VILLAS

Renato se questionava absurdamente diante do que seus olhos e sentidos captavam naquele instante. Embora Heleninha fosse uma pessoa inteligente, possuía graves deficiências morais e, mais do que isso, era literalmente comandada por alguém que estava acima de qualquer suspeita, submetendo-se a um comando que trazia para si ódio, mágoa e desejo de vingança.

Capítulo 9

ENFERMIDADE

A cada dia, Heleninha se fortalecia em relação a Fernando. O rapaz já estava completamente apaixonado e dominado. Ela fazia o que bem desejasse arduamente tomada por uma força extraordinária e o rapaz não conseguia ser astuto o bastante para se proteger dos miasmas malignos da estilista.

Era como se Fernando fosse "vampirizado" pela jovem, que sugava todas as suas energias cada vez que praticava sexo com ele. O jovem ficava estirado onde quer que fosse, sem se recordar de nada. Aos poucos, contando com o apoio cada vez mais incondicional dele, Heleninha ia ganhando espaço na Angels Brasil.

Em uma manhã qualquer da semana, Renato atendeu o telefone e reconheceu a voz da mulher que prestava serviços domésticos na residência de Fernando:

– Senhor Renato...

O diretor se inquietou pressentindo algo negativo naquela ligação.

– Sim, Nilza, sou eu. Está tudo bem por aí?

– Infelizmente não, senhor Renato. Estamos precisando demais do senhor...

O diretor se sobressaltou ainda mais.

– O que houve?

– É o Fernando... Ele está muito mal.

– Como assim?

– Não sei lhe explicar, senhor. Só sei que ele está mal. Por favor, venha para cá... Venha...

– Calma, Nilza, eu já estou indo!

Nesse meio-tempo, Heleninha, como um radar, sentiu perigo no ar e, mais do que depressa, saiu de sua sala e entrou na de Renato.

– O que houve? Aconteceu alguma coisa grave?

Renato, que estava vestindo o paletó, sentiu o corpo estremecer quando a jovem entrou em sua sala. Foi tudo muito rápido, mas ele tinha bases bem sólidas quanto à sua doutrina e se sentiu desconfortável. Apenas olhou bem sério para Heleninha, deixando claro que se sentia incomodado com a presença dela.

Nunca te esqueci, sempre te amei!

— Diga-me, senhor Renato, o que houve? — ela insistiu, sem se dar por vencida.

Finalmente ele respondeu sem dar muita atenção:

— Não se preocupe. Vou ter que sair agora.

Heleninha sentiu que tinha de fazer algo com urgência. Fechou a porta e pegou no braço de Renato. No mesmo instante, paralisou o jovem diretor.

— Acalme-se... Acalme-se... — ela pediu, usando toda a energia possível para envolvê-lo.

Renato fixou os olhos dela e, inexplicavelmente, sentiu um grande conforto naquele momento. Heleninha se felicitou ao perceber que estava dominando a situação, mas sabia que tinha de administrar com cuidado aquele acontecimento.

— Sente-se... Sente-se... — pediu com voz tranquila, mas com firmeza, segurando ainda o braço do rapaz.

Renato, dominado por uma espécie de hipnose, deixou-se conduzir exatamente como ela queria. Sentou-se e continuou a olhá-la fixamente, perdendo por completo o controle de suas forças.

— Conte-me o que houve! — Heleninha pediu novamente.

A voz de Renato soou baixa e um pouco trêmula:

— O Fernando... O Fernando...

— O que houve com o Fernando?

Ele tentou soltar o braço e ameaçou levantar-se, mas seus movimentos eram lentos.

— Eu... Eu preciso ir...

— Ok... Tudo bem. Eu o deixo ir, mas antes me conte o que está acontecendo.

A voz dela era ao mesmo tempo amistosa e severa. Renato, apesar de saber que a estilista não era nem um pouco confiável, sentia-se impotente para reagir àquela dominação. Uma espécie de torpor o mantinha imobilizado.

— Nilza me ligou e disse que o Fernando está muito mal... — ele balbuciou.

Heleninha, mantendo seu olhar fixo no de Renato, praticamente ordenou:

— Fique aqui, bem quietinho.

O rapaz permaneceu imóvel enquanto ela pegou um pouco de água e o fez tomar. Renato sorveu alguns goles e serenou por completo. Heleninha sorriu, segurou-o pelos ombros e, aproximando os lábios no ouvido dele, perguntou quase num sussurro:

— E então? Sente-se melhor agora?

O diretor assentiu com a cabeça e ela abriu ainda mais o sorriso malicioso.

— Eu vou lá e você fica aqui me esperando. Assim que eu estiver com o Fernando, te ligo para dar notícias. Está bem assim?

Renato queria responder negativamente, mas não tinha forças para isso. Apenas balançou a cabeça e relaxou o corpo na cadeira. Heleninha, certa de que a situação estava sob controle, saiu bem rápido pelos corredores. Estranhamente ninguém percebeu nada do que estava acontecendo.

A estilista pegou sua bolsa e foi para a rua, onde embarcou em um taxi e seguiu para o apartamento de Fernando.

Renato, mesmo subjugado por aquela força misteriosa, perguntava-se como Heleninha, mesmo estando na outra sala, havia tomado conhecimento do ocorrido e se propusera a ajudar.

Capítulo 10

ESTRANHEZAS E QUESTIONAMENTOS

Assim que chegou ao apartamento, Heleninha foi recebida por Fabio, irmão de Fernando, que já havia chamado uma ambulância.

– Com licença... Com licença... – ela pediu, já entrando. Depois dirigiu-se à Nilza e perguntou:

– O que houve com o Fernando?

Ao olhar para Heleninha, Nilza sentiu medo e raiva, pois havia percebido o quanto Fernando mudara negativamente depois de ter se envolvido com ela. Quem deu a resposta foi Fabio:

– Ainda não sabemos o que houve. Os enfermeiros vão levá-lo para o hospital.

– Sinceramente, acho melhor mesmo – respondeu Heleninha, fazendo teatro.

– O você que quer aqui, sua coisa ruim? – gritou a empregada, conseguindo finalmente se sobrepor ao medo.

– Calma, Nilza... Calma... Seja gentil com a moça – Fabio interveio.

– Ela é um demônio – a empregada acusou apontando o dedo para Heleninha. – O seu Fernando ficou doente depois que se envolveu com essa...

– Não esquenta, Fabio – a estilista respondeu como se estivesse muito magoada. – A Nilza é assim mesmo comigo! Eu só não entendo o motivo, pois nunca lhe fiz nada de mal.

Fabio abraçou Nilza procurando acalmá-la, e Heleninha se fez de vítima, deixando algumas lágrimas descerem pelo rosto.

– Calma, querida, eu estou aqui – Fabio dizia baixinho no ouvido de Nilza que, trêmula, olhava fixamente para Heleninha.

De repente a empregada se desvencilhou dos braços do rapaz e disse:

– Me deixa... Me deixa...

Saiu apressada e foi se isolar na cozinha. A verdade é que

Nilza não conseguia ficar muito tempo no mesmo espaço ocupado por Heleninha. Bastante constrangido, Fabio se aproximou da estilista.

– Desculpe! Eu acho que a Nilza está abalada por causa da doença do Fernando...

– Tudo bem! Sei que ela está muito nervosa e compreendo. No lugar dela, eu também ficaria.

Fabio já ouvira falar muito de Heleninha, mas ainda não a conhecia. Gentilmente, estendeu a mão para cumprimentá-la.

– A propósito, prazer em conhecê-la. Sou o Fabio.

– O prazer é todo meu, Fabio. Como já sabe, eu sou a Heleninha.

Nesse instante, tiveram de abrir espaço para que os enfermeiros pudessem passar com a maca na qual Fernando estava deitado. Heleninha, muito esperta, debruçou-se sobre o rapaz.

– O que houve, meu querido? O que houve?

Mas não obteve respostas, já que Fernando estava inconsciente. Fabio a puxou para junto de si e a amparou, pois Heleninha agora chorava convulsivamente. Quando ela se mostrou mais calma, o rapaz disse que iria para o hospital acompanhar de perto os procedimentos em relação ao irmão.

Heleninha, enxugando os olhos com lenços descartáveis que carregava na bolsa, pediu:

– Posso ir com você? Eu também quero ficar perto do Fernando e saber o que está acontecendo com ele.

– Tem certeza? – Fabio perguntou. – Não acha melhor ficar aqui e aguardar notícias?

– Prefiro ir junto, se você não se importar. Se eu ficar aqui ou voltar para o trabalho, vou ficar muito preocupada...

– Está bem – o rapaz assentiu. – Então vamos.

Os dois saíram e Nilza, chorando muito, trancou a porta. Ela não sabia explicar o motivo, mas a verdade é que não confiava nem um pouco em Heleninha. Seus sentidos diziam para orar por Fernando. E foi exatamente isso que ela fez.

Renato, já voltando ao seu estado normal, esticou-se na cadeira para se alongar, como se tivesse feito muito esforço. Lembrou-se de tudo o que havia ocorrido. Pegou o celular para ligar no apartamento de Fernando, mas naquele mesmo instante recebeu uma ligação de Heleninha e ficou ainda mais intrigado:

— Alô, Renato? – Heleninha falou com voz calma e equilibrada

— Sim... – ele respondeu ainda atordoado com a coincidência.

— Estou ligando para dar notícias de Fernando. Não foi o que combinamos?

— Ah, claro... E aí? Como ele está?

— Está tudo sob controle. Pode ficar calmo. O Fernando está no hospital sendo amparado por uma equipe muito boa.

— Mas o que houve com ele?

— Não sabemos ainda. Estão fazendo os exames para descobrir. Mas posso assegurar que está tudo bem e isso é o que posso dizer de imediato.

— Mas como ele está? Você conversou com ele?

— Não deu para conversar, porque quando eu cheguei ao apartamento, ele estava sendo levado pelos enfermeiros. Mas me pareceu muito fraco...

— Fraco? Como assim, fraco?

— Não sei direito, mas acho que não tem se alimentado como deveria. Por favor, Renato, estou aqui com ele e com o Fabio. Só vou sair daqui quando tiver boas notícias. Tudo bem?

— Ok... E, por favor, me ligue a qualquer hora. Sempre que tiver novidade, me avise.

Nunca te esqueci, sempre te amei!

— Claro que sim. Fique calmo, tudo vai dar certo.

Renato desligou o celular, tirou o paletó e foi ao banheiro. Aproximou-se da pia e jogou água no rosto, pois se sentia meio sonolento. Levou um susto ao perceber que estava com um hematoma bem visível no braço. E, o mais impressionante é que o hematoma expunha claramente os contornos da mão de Heleninha.

Ele deu um salto para trás e disse para si mesmo:

— Minha nossa! O que significa isso?

Depois examinou com mais precisão e começou a pensar no que havia acontecido. Veio-lhe à memória o momento em que a estilista havia segurado seu braço para impedir que ele fosse ao encontro de Fernando. Procurou acalmar-se, respirou fundo e refletiu: "Meu Deus! Há algo de muito estranho acontecendo. Mas o quê? Preciso me manter calmo e analisar tudo isso com sensatez".

E foi com essas desconfianças a atormentarem-lhe os pensamentos que deixou o escritório e saiu com certa urgência.

Capítulo 11

REVELAÇÕES

Renato entrou em casa bastante apreensivo e começou a chamar por Jussara, percorrendo os cômodos da residência:

– Mãe... mãe... Onde você está?

– O que foi, Renato? Sua mãe deu uma saída – respondeu Benedita, empregada da família, indo ao encontro do rapaz.

– E você sabe aonde ela foi?

– Sim. Dona Jussara foi à Casa Espírita.

Renato se deixou cair no sofá.

– Será que ela vai demorar?

Benedita, percebendo que ele não estava bem, questionou:

– Mas o que houve, meu filho? Você está muito nervoso!

– Estou mesmo, Benedita. Preciso falar com a minha mãe.

– Por que não me conta? Quem sabe eu possa ajudá-lo?

– Obrigado, mas não vai adiantar. Preciso justamente de minha mãe, para não julgar precipitadamente.

– Quer, pelo menos, tomar alguma coisa? Um café?

– Aceito sim, Benedita. Obrigado!

A empregada foi pegar o café e Renato tirou o paletó. Puxando a manga da camisa para ver se aquela imagem havia mudado ou desaparecido, percebeu que ela continuava viva em seu braço.

– Aqui está, meu querido. Tome com calma, pois tenho certeza de que lhe fará bem – disse a empregada, entregando-lhe a xícara.

Renato saboreava o café com a intenção de acalmar seu coração e as muitas dúvidas que pairavam em sua cabeça. Benedita estava preocupada, pois o rapaz, com o rosto transtornado, demonstrava muita contrariedade.

– Recoste-se um pouco, meu filho, e relaxe. Logo sua mãe estará de volta.

Renato não respondeu nada, apenas se esticou no sofá, fechou os olhos e procurou meditar enquanto esperava. Assim que Benedita sentiu que ele estava mais relaxado, saiu em silêncio.

Nunca te esqueci, sempre te amei!

Depois de mais de uma hora, Jussara adentrou sua casa e se deparou com Renato deitado no sofá. Em silêncio, aproximou-se do filho, mas tinha certeza de que algo não estava bem, pois nunca tinha visto o filho dormindo naquele horário.

— Renato... Renato... — com delicadeza, Jussara o chamava.

Renato adormecera providencialmente para trazer equilíbrio aos seus corpos material e espiritual. Acordou serenamente e olhou para Jussara, que estava ao seu lado.

— Mãe!

— Oh, meu filho! Você está bem?

Ele se sentou e se recompôs, respirando fundo e tomando fôlego para ter uma conversa com a genitora. Porém, antes, levantou a manga da camisa e mostrou o hematoma provocado por Heleninha. Jussara, perplexa, levou a mão à boca e arregalou os olhos.

— O que é isso, meu filho? Parece a marca da mão de alguém.

— Sim, minha mãe. É a mão de uma pessoa. Agora pergunto: isso é normal?

— Não... Não é. O que aconteceu? Quem lhe fez isso?

— Isso aqui é a marca da mão da Heleninha. A senhora acredita?

— Como assim, meu filho?

— Vou contar tudo, mãe.

Renato contou tudo o que havia ocorrido em seu escritório e, assim como ele, Jussara também ficou bastante intrigada, muito embora já supusesse a razão de tudo aquilo. Passou a mão sobre a marca e olhou cuidadosamente por longo tempo. Por fim, comentou:

— Renato, hoje à noite nós vamos ao Centro. Não podemos esperar mais.

— Do que a senhora está falando, mãe?

Jussara olhou fixamente nos olhos do filho e foi o mais sincera possível:

– Primeiramente, vamos ao Centro resolver isso. O que posso lhe adiantar é que deve ter um grande significado que ainda não consigo decifrar.

– Ok... Isso está mais do que certo. Eu vou ao Centro com a senhora. Mas o que a Heleninha tem a ver com isso? Diga-me, mãe, a senhora sabe. Estou vendo em seus olhos uma nuvem pesada e conturbada.

– Você tem razão, meu filho. Vou lhe contar tudo o que sei a respeito da Heleninha. Quer dizer, nem tudo, mas a parte em que eu e seu pai tivemos participação nessa história.

Jussara contou com detalhes desde que Heleninha tinha pouca idade. A revolta e os maus-tratos em seu corpo, provocados por um espírito ignorante e vingativo. Ao término, Renato se levantou e começou a andar de um lado para o outro tentando entender onde aquela história se encaixava.

– Mas por que ela deixaria essa marca em mim?

– Isso eu não sei. O que sabemos é que demorou muito tempo para que ela voltasse ao normal. Como qualquer ser humano, com seus acertos e erros, sabemos que todos nós, sem exceção, somos devedores e estamos aqui para reparar nossas faltas. Mas com essa jovem foi diferente. Ela sofreu muito. Seu corpo foi maltratado, macerado excessivamente, até que chegássemos à misericórdia de Deus, dando um alívio àquela alma.

– Como assim?

– Nós temos consciência de que Heleninha, na época, foi agraciada com a misericórdia de Deus e dos bons espíritos. Mas sabemos também que ela se acalmou, serenando as suas más inclinações por ser ainda uma criança. Ela tinha apenas doze anos. No entanto, acho que as coisas voltaram a se complicar depois que ela se tornou adulta e chegou a hora de enfrentar as consequências do passado.

Nunca te esqueci, sempre te amei!

— Como assim? E o que é que eu tenho a ver com isso?
— Não sei, meu filho. Mas com toda a certeza estarei ao seu lado e saberemos o motivo dessa marca em você.
— E a senhora, qual é a sua opinião sobre isso que ela me fez?
— Sinceramente, não sei, meu filho. Por isso vamos ao Centro. Lá vão nos orientar. Mas, antes, temos de ir a outro lugar, e urgente.
— Aonde, mãe?
— Você confia em mim?
— Sim... Claro.
— Então vamos já e não me pergunte mais nada.

Renato estava um pouco assustado, contudo, não contestou a mãe. Logo saíram e chegaram onde deveriam estar para achar o fio da meada.

— O que fazemos aqui, mãe? Que lugar é este?
— Não faça perguntas, apenas me acompanhe.

Renato estava muito assustado, mas a acompanhou. Assim que chegaram, tocaram a companhia e logo vieram atendê-los.

— Jussara! — disse Berenice, admirada.
— Sim... Precisamos ter uma longa conversa.
— Por favor, entrem — convidou Berenice.

Renato entrou com receio, pois não sabia do que se tratava. Olhava tudo com grande desconfiança.

— Sentem-se.

O rapaz se sentou ao lado da mãe e uma grande nuvem de insegurança e receio pairava sobre sua cabeça.

— Lembra-se de mim, Berenice?
— Sim... Lembro-me. Aliás, como poderia esquecer? Só estou muito curiosa para saber por que veio me procurar depois de tantos anos.

Jussara olhou para o filho e pediu:
— Renato, por favor, tire o paletó e levante a manga da camisa.

Ele não pediu explicações, apenas fez o que a mãe pediu.

FÁTIMA ARNOLDE PELO ESPÍRITO ALEXANDRE VILLAS

Assim que Berenice viu aquele enorme hematoma e as curvas bem-feitas de uma mão, assustou-se imensamente. Jussara perguntou a ela:

— Desculpe-me, Berenice, mas sabe do que se trata?

A mãe de Heleninha, com os pensamentos rápidos, logo soube do que Jussara falava. As lágrimas brotavam copiosamente de seus olhos. Jussara ficou penalizada.

— Berenice, este é Renato, meu filho!

— Com licença, as senhoras poderiam me explicar o que está acontecendo? — Renato perguntou impaciente.

— Calma, meu filho.

Berenice continuava chorando, sem conseguir emitir uma só palavra. Jussara não sabia o que o filho representava em tudo aquilo, mas começava a perceber que talvez ele fosse a chave para aquela porta se abrir e as coisas se esclarecerem.

Berenice se levantou e foi ao telefone. Jussara e Renato, sem entender absolutamente nada, ficaram no aguardo. A mulher falou algumas palavras que os dois não puderam ouvir e logo desligou. Berenice sentou-se novamente e, aí sim, finalmente disse algo.

— Esperem um pouco, por favor.

Renato olhou irritado para a mãe e se levantou.

— Eu não sei a senhora, mãe, mas eu vou embora!

— Não... Fique, por favor! — gritou Berenice.

Renato olhou assustado e pálido para ela, pois o medo o tomava. Estava tudo muito misterioso.

— Fique, meu jovem. Suas dúvidas serão esclarecidas. Eu garanto. Pelo amor que tem a Deus, espere.

Renato, contrariado, voltou a se sentar. Não demorou muito, tocaram a campainha e Berenice, rapidamente, foi abrir a porta.

— A senhora? — questionou Renato ainda mais confuso.

— Sim, meu querido, sou eu, a tia Madalena.

Nunca te esqueci, sempre te amei!

— Deixe-me ver seu braço — pediu Madalena com ar de quem já sabia o que estava acontecendo.

Renato levantou a manga da camisa, Madalena examinou minuciosamente e logo deu sua intuitiva opinião:

— É ele... Sem dúvidas!

— Tem certeza, Madalena? — Jussara perguntou assustada.

— Sim... Tudo indica que Renato é a chave misteriosa de tudo!

— Hei! Eu estou aqui... As senhoras falam e trocam sinais como se eu não existisse!

— Calma, meu filho.

— Calma, não! Do que se trata? Se não revelarem agora, eu me vou...

Madalena se dirigiu a ele com muito cuidado:

— Renato, não sei como você vai aceitar este fato, mas vou explicar tudo que você tem direito de saber — disse ela. E, vendo que o rapaz estava mais calmo, prosseguiu: — Há alguns anos, Heleninha teve crises muito fortes, difíceis mesmo. Com muita dificuldade e com total ajuda da pátria espiritual, conseguimos acalmá-la. Mas sabíamos que um dia, quando ela achasse o motivo de suas desavenças, tudo voltaria. Os exames médicos diagnosticaram esquizofrenia. Contudo, como nós somos espíritas, damos outra denominação: mal do espírito.

— Do que as senhoras estão falando? Estou atordoado!

— Vou explicar tudo, Renato. Você vai compreender — disse Madalena.

— Compreender o quê? O que é esquizofrenia?

— Esquizofrenia é um transtorno psiquiátrico complexo, caracterizado por uma alteração cerebral que dificulta o correto julgamento sobre a realidade. A produção de pensamentos simbólicos e abstratos é a elaboração de respostas emocionais complexas. Isso pode até levar à morte.

Renato passava as mãos pelos cabelos negros.

— O que querem dizer? O que eu tenho a ver com isso?

FÁTIMA ARNOLDE PELO ESPÍRITO ALEXANDRE VILLAS

— Bem... Como doença física, os exames feitos em Heleninha constataram esse transtorno. Contudo, como somos estudantes da Doutrina Espírita, consideramos como um transtorno compulsivo de acontecimentos que ela não foi capaz de compreender. Resumindo: libertar tudo e todos de seu passado. E, assim sendo, reencarnou com essa enfermidade. Heleninha não sabe distinguir a verdade da fantasia. A realidade do abstrato. Sua mente carrega complexos transtornos emocionais. E o principal pivô disso tudo é você.

Renato levantou-se revoltado e, andando a passos largos, procurava a saída. Jussara correu para impedir que o filho fugisse mais uma vez daquela história que o tempo vinha cobrar.

— Calma, meu filho! — segurou-o pelo braço tentando explicar o que já não dava mais para ser adiado. — Vamos, você tem de ouvir toda a história!

— Por que, mãe? Por que nunca me contou que estou nessa sombria trajetória?

— Sua mãe não escondeu nada, Renato. Nós descobrimos agora, com essa marca em seu braço. Acalme-se e ouça tudo o que é preciso. Nós vamos orientá-lo — disse Madalena com firmeza.

Renato passou a mão pelo rosto para tentar se acalmar e voltou a se sentar, esperando uma boa explicação. Berenice chorava, pois achava que aquele jovem tão bonito, proveniente de outra cultura, não cooperaria com sua filha.

— Querido Renato, há quanto tempo nos conhecemos? — prosseguiu Madalena. — Há muito tempo temos uma amizade de amor e respeito. Nada esconderíamos de você. Não sabíamos que era você esse amor complexo e bastante forte de Heleninha. Na época, foi muito difícil ajudarmos para que ela continuasse a viver razoavelmente bem. Como todos nós, Berenice e seu marido sofreram muito. Mas nos foi dito que essa pessoa apareceria no tempo certo. E apareceu. Nós só não sabíamos de quem se tratava. Temos de continuar com fé em Deus e em nosso Mestre Jesus. Só assim conseguiremos, com muito esforço, ajudar Heleninha.

Nunca te esqueci, sempre te amei!

— Mas em que eu posso ajudar? — perguntou Renato, completamente perturbado.

— Hoje, com toda a certeza, você deve ir à Casa Espírita. Lá terá todo o aparato e explicações de como agir.

— E o Fernando? Ele está doente e, pelo que vejo, a sua doença também tem algo a ver com essa história. O que vai acontecer com ele?

— Nós faremos o possível para mantê-lo bem — afirmou Madalena. — Espero que seja possível, pois agora já ficou tudo muito claro. Heleninha deve estar usando o Fernando para atingi-lo.

— Mas isso é macabro. Nós não podemos permitir! Fernando está agora em um hospital...

— Renato... Fernando estará amparado. Você deve pensar em si agora. Você é a pessoa que Heleninha procura desesperadamente.

— Como podem afirmar isso? É um absurdo o que estão dizendo! Isso são apenas deduções!

— Por favor, procure nos entender — interveio Berenice, que continuava aos prantos. — É claro que, com sua permissão, poderemos ajudar você e a Heleninha.

O filho de Jussara estava muito alterado. Mesmo tendo conhecimento sobre as questões espirituais, de repente tudo aquilo lhe pareceu uma grande loucura. As três senhoras tentavam serenar-lhe os ânimos. Sem muita demora, Madalena pediu auxílio aos amigos espirituais. E eles estavam ali presentes, acompanhando o desenrolar dos fatos. Tarcísio estava acompanhado de uma grande equipe de espíritos benfeitores. Alguns deles se postaram atrás de Renato e outros à frente. Fizeram uma higienização em seu corpo fluídico e ofereceram entendimento para suas provas.

O rapaz, com a benevolência dos benfeitores espirituais, aos poucos foi deixando o medo de lado e resolveu enfrentar a situação.

– O que tenho de fazer? – questionou ainda confuso, porém mais determinado.

– Em primeiro lugar, deve se unir aos amigos espirituais – orientou Madalena. – Seja forte e faça tudo o que eles pedirem. Bem... O nome verdadeiro, com o qual a filha de Berenice foi batizada, não é Heleninha. Em várias sessões de desobsessão, ela se apresentava, muito revoltada, como cigana Soraia, mas isso é o que ela traz de outra vida. Agora se nomeou como Helena, ou Heleninha, mas sabemos que seu nome de batismo é Maria Rita. Não é isso, Berenice?

A mãe de Heleninha, muito emocionada, respondeu balançando a cabeça positivamente.

– Minha nossa! Isso não pode estar acontecendo...

Renato, mesmo amparado por Tarcísio e outros socorristas espirituais, encontrava-se assustado. Não acreditava naquela história. Levantou-se novamente, duvidando do que ouvia.

– Acalme-se, meu filho – disse Jussara. – Nós fizemos o melhor para a sua formação, mesmo com todas as dificuldades. Mostramos a doutrina que, com toda a certeza, era o que seu pai e eu tínhamos de melhor a lhe oferecer. Fizemos o melhor para compreender e evoluir. Jamais poderíamos supor que você é a pessoa que Heleninha teve em sua vida passada. Além disso, você falhou também. Se não houvesse falhado, ela não passaria por tudo o que nós testemunhamos.

Renato, com os olhos marejados de lágrimas, suspirou fundo e sentou-se novamente, pronto para ouvir. Depois de uns breves instantes de silêncio, questionou:

– E por que deram a ela o nome de Helena?

– Aí que está o grande mistério. Não sabemos. Deixemos para os amigos do Centro Espírita lhe explicar tudo. O que podemos adiantar é que Soraia foi o nome de Heleninha quando você ainda fazia parte da vida dela. Ela teve um amor arrebatador por você. Pelo menos é o que gritava com ódio, rancor e mágoa quando se manifestava. Isso é o que sabemos. Mas no Centro que seus pais e nós frequentamos disseram que teríamos as respostas.

— Impossível... Não me recordo de nada.

— Nem poderia. Atrapalharia toda a sua trajetória atual. Por isso, ninguém poderia lhe contar. Tudo é no tempo de Deus.

— E por que, mesmo sabendo que seu nome é Maria Rita, ela o trocou por livre e espontânea vontade?

— Porque Heleninha é comandada pela outra personalidade: "Soraia, a cigana", que tem um comportamento rebelde e confuso. O espírito que vive no corpo de Maria Rita (ou Heleninha) é o mesmo. No entanto, toda a revolta e o ódio que carrega, desde então, lhe traz muitas enfermidades e sofrimentos. E o que precisamos saber é justamente isso: por que se nomeou Heleninha — explicou Madalena.

Renato a encarava com certa incredulidade no olhar.

— Desculpe-me tantas perguntas. Mas como podem ter certeza de que a "outra" é uma cigana?

— Porque, querido Renato, quando Heleninha estava no limite de suas crises, contou-nos seu nome. Quer dizer a "outra" tomava por completo seu corpo e se apresentava como Soraia, a cigana. Foi uma luta constante para todos nós. Até que um dia essa entidade sinistra a deixou por completo e Heleninha voltou. Mas teve um lapso de memória dizendo que se chamava Helena.

— As senhoras querem dizer que essa "outra" não a deixou, não é? Porque se a tivesse deixado não estaríamos passando por nada disso — Renato falou revoltado.

— É, você tem razão, meu filho. É agora que nossa luta vai começar. Só lhe peço que esteja junto de nós — concluiu Jussara, temerosa.

— Meu Deus, que coisa mais estapafúrdia! — Renato falou e logo teve um lampejo de raciocínio. — Minha nossa! Como não pensei nisso antes? Ela se registrou na empresa como Helena! Atendemos ao pedido dela, que insistia em dizer que seu nome era Heleninha.

Madalena voltou a falar:

— Eu sei, Renato, que é muito difícil compreender ou até aceitar esses fatos todos. Mas, fazendo um esforço de sua parte, não se recorda de nada quanto aos nomes que aqui relatamos?

O rapaz se levantou e, esfregando os olhos com os dedos, tentou lembrar-se de algo. "Helena", esse nome talvez não fosse tão estranho em seu subconsciente. Mas, recordar, por mais que se esforçasse, era impossível.

— Nossa, quanta informação! Estou ficando atordoado. Vocês já pensaram que se registrar com nome falso nos traz grandes problemas? Isso é um absurdo!

— Eu sei, meu filho. Acalme-se, por favor. Sabemos disso. O único que poderia trazer esse problema à tona é você. Mas tenho certeza de que não seria capaz disso. É a vida de vocês, meu filho!

— Bem... Acho melhor deixarmos esses relatos para mais tarde, no Centro. Lá o Renato estará mais protegido – sugeriu Madalena.

— Eu acho uma ótima ideia – disse Berenice com lágrimas nos olhos.

— Preciso ir embora para tomar um banho. Esse assunto sinistro me deixou exausto.

— Vamos, meu filho. Vamos logo.

— Vá, Jussara, às oito da noite estaremos no Centro à espera de vocês – pediu Madalena.

— Berenice e Luis Carlos também vão?

— Com certeza. Eles são as peças principais dessa história – Madalena intimou antes que o medo recolhido durante anos em seu peito desse contra.

— E quanto ao Fernando? – perguntou Renato, ainda preocupado. E, antes que respondessem, seu celular tocou. Todos, apreensivos, silenciaram.

— Alô, Renato?

— Sim... É Heleninha?

— Sou eu mesma. Fernando está melhor, já acordou fez exames e nada constou. Ficará aqui até amanhã apenas para observação médica.

— Então ele está bem?

— Sim... Está... Foi fraqueza mesmo. Acho que não tem se alimentado direito. Mas fique tranquilo, ele está bem. Vou para a minha casa tomar um banho e volto para a empresa.

— Não... Não precisa. Vá descansar.

— Tem certeza disso?

— Tenho... Você ficou até agora no hospital. Tire a tarde para descansar.

— Ok... Então agradeço.

Heleninha desligou o celular e achou estranha a gentileza de seu chefe. Mas sorriu, pois fizera bem ao seu ego. Jussara perguntou:

— Era Heleninha, meu filho?

— Sim... Era... Fernando já está melhor. Os exames não acusaram nada, mas vai permanecer no hospital até amanhã.

— Isso comprova as nossas intuições – observou Madalena.

— É verdade. Tenho de concordar que foi minha filha que deixou o pobre rapaz nesse estado – afirmou Berenice, pesarosa.

— Por favor, Berenice, não fique assim. Nós já sabíamos que cedo ou tarde isso poderia voltar. É uma cobrança pretérita, e não um conto qualquer – confortou-a Madalena.

— Eu já vou indo. Devo confessar que depois dessas revelações estou me sentindo incapaz de qualquer coisa.

— Contudo, esperamos você no Centro, Renato. Você é o mais interessado nessa história. Tem de estar protegido!

FÁTIMA ARNOLDE PELO ESPÍRITO ALEXANDRE VILLAS

– Estarei lá, com certeza. Vamos, mamãe, antes que a Heleninha chegue e nos encontre aqui.
Jussara e Renato se despediram e foram embora.

Capítulo 12

CENÁRIOS DE UM SONHO

FÁTIMA ARNOLDE PELO ESPÍRITO ALEXANDRE VILLAS

Logo que Jussara e Renato chegaram em sua casa, ela respirou mais aliviada e disse:

– Vá tomar um belo banho, meu filho. E procure não pensar em mais nada, apenas descanse.

– Sim, senhora. É disso mesmo que estou precisando.

Renato foi para seu quarto, entrou no banheiro, tirou a roupa e deixou a água da ducha forte cair sobre seu corpo. Depois de algum tempo, voltou a olhar para o braço. Parecia um gado marcado pelo proprietário. Teve alguns pensamentos desanimadores, mas logo reagiu com uma prece.

Todos de sua casa seguiam a Doutrina Espírita. Renato não ia assiduamente, mas Ismael e Jussara semanalmente assistiam às palestras e tomavam passes. Para eles era um sagrado dever cuidar das questões espirituais com a mesma dedicação com que cuidavam dos interesses materiais. Jussara ainda contribuía nos afazeres do Centro, desempenhando funções como arrecadar alimentos, roupas e enxoval para as grávidas necessitadas. Era feliz e completa em suas tarefas colaborativas.

Renato, depois de um longo banho, deixou-se cair na cama e ficou pensando em tudo o que havia escutado de Madalena. Em pensamentos se cobrava muito, pois queria saber onde havia falhado na vida passada. Em pouco tempo, adormeceu profundamente e voltou a se ver naquela casa antiga, com janelas e portas enormes.

Vestia-se com esmero e, pela vestimenta, se via nitidamente que era uma pessoa de posses. Também tinha uma bela esposa e dois filhos. Sua esposa atendia por Helena, e os filhos por Manoel e Antonio. Ele se sentia feliz e pleno.

Depois do café da manhã com a família, fechou-se em um escritório e começou a trabalhar. Via-se que ele trabalhava em casa, como os fidalgos da época. Tinha muitos empregados negros, porém respeitava-os e os amava. Naquela região, todos desejavam trabalhar para ele, pois tratava seus empregados muito bem e até lhes pagava com algumas moedas que, na época, eram de ouro.

Depois de algumas horas, já perto do almoço, viu-se exausto despachando documentos e orientando os empregados sobre como lidar com as variadas tarefas. Pousou sua pena no tinteiro e se recostou na cadeira. Seus pensamentos foram diretamente para uma bela jovem. Amava-a com muita sinceridade, mas sabia que não era certo. E, além do mais, não confiava em sua caravana, pois a cigana era do mundo. De tempos em tempos, partia com sua comitiva para outras cidades.

Passou em seus pensamentos o dia anterior, em que estivera em companhia dela até tarde da noite. O êxtase de amor e fúria o fazia sofrer com veracidade. Mas tinha certeza de que sua família não merecia sofrer por causa da paixão avassaladora que nutria pela jovem. Desde que a comitiva de ciganos chegou à sua cidade, Thomas não teve mais sossego.

Quando seus olhos se cruzaram, a bela jovem sentia o amor comprimir seu peito como uma explosão de querer sem controle. Foi fulminante não só para ele, mas para a linda cigana também. Ela despertou tudo o que a esposa recatada e de conduta moralmente impecável não poderia lhe dar. Ao contrário de Helena, sua esposa, a cigana era vivaz, sem pudor algum e deixava à mostra toda a sua sensualidade, fazendo-o perder completamente a sensatez.

Thomas, por muitas vezes, deleitou-se com a linda e jovem cigana, deixando e recebendo marcas profundas de amor e prazer. Ela era misteriosa, sinistra e trazia, por natureza, uma magia inigualável quando se entregava. Thomas, em seu aconchegante escritório, poderia até ouvir o tilintar de pulseiras e colares quando se amavam. A fogosa cigana era tudo o que ele mais queria em sua vida. Sentia dificuldade em conter o amor que o tomava por inteiro.

Contudo, sabia que ela jamais pertenceria ao seu mundo. Thomas, já estruturado, tinha uma linda família, e isso deixava a cigana para segundo plano. A sociedade jamais perdoaria sua falta de moral e bons princípios, caso a assumisse publicamente.

Renato, em sono profundo, começou a trilhar por uma longa estrada dolorida que o chamava à razão. Seu corpo sobre a cama banhava-se em suor e desespero. Acordou com seu próprio grito, leve e assustado:
— Meu Senhor Jesus Cristo!
Olhou tudo à sua volta e soltou um longo suspiro.
— Graças a Deus, foi apenas um pesadelo! — disse para si mesmo.
Quando o jovem tentou se lembrar das cenas com que havia acabado de sonhar, sua mãe bateu à porta e entrou. Isso fez com que as lembranças desaparecessem como num passe de mágica.
— Meu filho, o que houve? Estamos atrasados. Você precisa se alimentar para irmos ao Centro.
Renato se lembrou do hematoma, olhou depressa para ver se havia sumido, mas sua decepção foi grande, pois ele permanecia ali, intacto. Parecia até que se fortificava.
— Pare de olhar para isso, meu filho.
O jovem se levantou revoltado.
— Como posso esquecer? Essa marca está mais viva do que nunca!
— Calma, meu filho. De nada vai resolver ficar revoltado dessa maneira. Somos o que pensamos e agimos. Deve confiar sempre e deixar vibrações positivas penetrar em seus pensamentos.

Nunca te esqueci, sempre te amei!

Renato, desalentado, mentalmente pediu forças aos amigos espirituais e se aprontou para jantar com os pais, antes de irem ao Centro. Assim que se sentou à mesa, Ismael olhou pesaroso para o filho.

— Está tudo bem com você?

— Sim... Pai. Quer dizer, mais ou menos. Como posso ser eu essa pessoa com quem Heleninha tem desavenças?!

— Eu o entendo, meu filho. Mas nós sabíamos que um dia essa garota traria à tona tudo o que acha ter o direito de cobrar. O que eu não esperava é que essa pessoa de outrora fosse você, ainda mais que não gosta dela.

Renato olhou contrariado para o pai.

— Hei, não adianta olhar para mim como quem quer cobrar algo. Nunca, em minha vida, eu poderia imaginar uma casualidade dessas! E, quanto a não gostar dela, na verdade eu a odeio, isso sim!

— Calma, meu filho, os mentores vão auxiliá-lo, eu tenho certeza disso. Mas você, revoltado dessa maneira, não ajudará em nada. Além disso, ainda há a possibilidade de não ser você o desafeto da Heleninha. É por isso que pediremos uma verificação no Centro Espírita.

Renato nada respondeu, ficou com sua mágoa e sua revolta. Alimentou-se pouco e foi escovar os dentes enquanto os pais permaneceram à mesa de refeições. Com a saída do rapaz, Ismael falou em voz baixa:

— Não posso demonstrar para o Renato, mas estou contrariado também. Por que justamente o nosso filho? Por que, Jussara?

— Não sabemos nada ainda, Ismael. Acalme-se, se não ele vai perceber e sentir-se ainda pior.

Ismael empurrou o prato à sua frente.

— Não estou com fome. Custe o que custar, vamos livrar nosso filho dessa obsessora mal-vinda!

— Por favor, procure se acalmar. Agindo assim, você não está ajudando muito. O Renato vai perceber o seu descontrole...

— Perceber? De que jeito? Olha como ele está apático.

No fundo, o empresário estava se culpando por haver contratado Heleninha.

— Ismael, eu sei que você se sente culpado por causa da aproximação entre eles, mas não é culpa sua. Como poderia supor o que estava por trás do que parecia ser uma situação trivial de nossa empresa? Pense que Deus não falha e que as coisas acontecem independentemente das nossas vontades. Se não fosse desse modo, o encontro entre eles aconteceria de outro...

E as palavras de Jussara despertaram no marido um raciocínio lógico e sensato. Depois de refletir por uns segundos, ele disse convicto:

— É, você tem razão, querida. Nós sabemos, pela Doutrina Espírita, que ninguém no mundo é coitadinho e que todos colhem exatamente aquilo que plantam. Com certeza, nosso filho não é inocente e precisará reparar, caso tenha débitos morais com essa moça. Mesmo com o coração partido, o que devemos fazer é nos preparar para enfrentar com coragem e fé o que está por vir.

Jussara, com os olhos brilhando de emoção, segurou as mãos do esposo e falou:

— Assim é que se diz, Ismael! Você tem toda a razão. Eu preferiria estar no lugar do meu filho, mas cada um precisa reparar seus próprios erros. Dói muito vê-lo sofrendo, mas...

— Mas, vamos logo — Ismael a interrompeu. — Renato precisa ser amparado o mais rápido possível e, em parte, essa tarefa é nossa.

Poucos minutos depois, os três se dirigiam ao Centro Espírita em busca de esclarecimentos e auxílio divino.

Capítulo 13

NO CENTRO ESPÍRITA

FÁTIMA ARNOLDE PELO ESPÍRITO ALEXANDRE VILLAS

Assim que chegaram ao Centro Espírita, Ismael, Jussara e Renato foram recebidos por Eustáquio, o rapaz que orientava os trabalhos de assistência. Ele era bem preparado para aquela tarefa. O rapaz apontou onde deveriam se acomodar.

— Elevem seus pensamentos a Deus. Preparem-se para o que vieram buscar — concluiu Eustáquio.

Não se passaram nem quinze minutos e adentrou Berenice, Luis Carlos, Madalena e seu esposo, Francisco. Eustáquio parecia estar previamente pronto para receber aqueles irmãos e, assim sendo, os acomodou todos juntos.

— Elevem seus pensamentos a Deus. Isso é muito importante — repetiu ele para os assistidos que acabavam de chegar.

Todos em comunhão entraram em prece e, assim, os espíritos que ali estavam para aquela empreitada fortaleceram as vibrações.

Primeiro ouviram uma proveitosa palestra e, em seguida, todos foram levados ao médium da Casa, que se mantinha em sintonia com a pátria espiritual. Assim que todos adentraram a sala, foram recebidos com o amor incondicional do dirigente do Centro Espírita, senhor Otávio.

— Estejam à vontade. Sentem-se e acomodem-se confortavelmente — disse ele com simpatia.

Depois de todos acomodados, Otávio fechou os olhos e elevou seus mais nobres pensamentos para que pudesse obter a real mensagem dos amigos espirituais. Em poucos instantes, começou seu pronunciamento:

— Gostaria que todos vocês, irmãos, confiassem na Providência Divina. Nada passamos que não seja necessário à grande jornada de ensinamentos. Providência generosa de Deus para a nossa evolução.

Berenice começou a chorar copiosamente. Renato sentiu invadir seu peito uma emoção inexplicável. De seus olhos brotaram também algumas lágrimas.

Nunca te esqueci, sempre te amei!

— Querido irmão Renato, recorda-se de algum fato recorrente de sonhos? – perguntou Otávio.

— Não exatamente, senhor.

— Se disse "exatamente" é por que algo vem à sua memória?

— Talvez, senhor, mas assim como vem, logo vai. Devo confessar que nos últimos dias esses sonhos têm me incomodado bastante.

— Isso é muito bom. Sinal de que a comunicação de amigos espirituais vem ao seu auxílio. Bem... Devo deixá-lo ciente de tudo, já que todos os senhores que aqui se encontram vieram pelo mesmo caso.

— Caso? O senhor diz caso? É tudo um grande tormento para mim! – interveio Berenice, nervosa.

— Eu a entendo, minha irmã. Pois a senhora é mãe de Maria Rita. Mas devo preveni-la de que todos aqui têm o mesmo propósito. A senhora não é a única preocupada e pesarosa. Na realidade, nosso irmão Renato é quem mais devemos ajudar.

Renato olhou para Otávio, perplexo. "Como ele pode saber de tudo sem que fosse dito absolutamente nada?" – a pergunta veio rapidamente aos seus pensamentos.

— Senhor, posso lhe fazer uma pergunta?

— Sim, meu jovem.

— Como o senhor pode saber com tanta certeza o que está nos acontecendo? O senhor já sabia de algo?

— Não só eu. Todos nós fomos preparados para esse momento. Devo dizer que não vai ser fácil nem simples. Mas, com a fé e a confiança de todos vocês, podemos auxiliar nossa irmã Maria Rita, que está completamente envolvida pelo desejo de vingança.

— E qual é o intento dela, senhor?

— Meu querido irmão, você é uma das peças principais dos problemas pretéritos que se repercutem no presente – Otávio respondeu com voz tranquila e amorosa. – É a pessoa a quem devemos direcionar mais intensamente os nossos trabalhos.

Devo deixar claro que tudo o que estou dizendo vem dos amigos espirituais. Nada somos e, muito menos sabemos, sem a interferência e o auxílio deles.

— Agradecemos sinceramente por sua intervenção — concluiu Madalena, que era participante assídua da Casa.

— Pois bem... Podemos começar? — perguntou Otávio.

— E como podemos começar a cooperar com o senhor? — questionou Renato, receoso.

— O termo certo, meu jovem, é como "devem" cooperar. Em primeiro lugar, você vai mudar totalmente o seu cotidiano. Suas indisposições com Maria Rita têm agravado a situação. Ela precisará confiar em nós... Ou melhor, em você.

— Em mim?

— Sim... Não se esqueça de que você é a parte principal da vida dela.

— Como assim, senhor?

— Talvez ainda seja cedo para saber tudo. No entanto, posso lhe dizer com total confiança que você deve se aliar a ela. Só assim obterá sua confiança e, assim sendo, em todos nós.

Renato, muito nervoso, esfregava as mãos. De repente, ele era o principal cooperador daquele relato de vida sinistro.

— E o que devo fazer?

— Querido irmão Renato, pode me chamar de Otávio.

Renato balançou a cabeça positivamente e o dirigente asseverou:

— Preste bem atenção em minhas instruções.

— Pode dizer, Otávio.

— A partir de hoje, você vai ser gentil, amigo, agradável e solícito com a nossa querida Maria Rita.

— Mas ela diz que se chama Heleninha...

— Que seja. Trate-a como Heleninha, se assim ela prefere.

— Está pedindo para que eu seja seu melhor amigo?

— Não só amigo, mas amável, dedicado, interessado em tudo o que diz respeito à vida dela.

Nunca te esqueci, sempre te amei!

— Mas vai ser muito difícil para mim! Devo confessar que tudo isso é um absurdo! Como posso ter algo em comum com uma desequilibrada?

— Em primeiro lugar, meu caro, não a julgue. Quer ou não quer cooperar? Devo deixar claro que você é livre para fazer as suas escolhas. Não posso impor nenhum compromisso sem que aceite.

— Sim, eu quero. Na realidade, eu preciso me ajudar! Mas está tudo muito confuso para mim. Afinal, toda essa história é nova!

— Pois, então, vai seguir à risca o que deve fazer para ela confiar e juntar-se a você.

— Ok... Entendi. E depois?

— Depois, veremos como fazer. Contudo, é necessário que ganhe a confiança dela. Se você se dedicar, será muito mais fácil do que imagina. Maria Rita ama você desesperadamente.

Renato olhou-o assustado:

— O quê? Como assim?

— É isso mesmo, meu jovem. Não sei como um rapaz que é temente a Deus e procura acompanhar a doutrina corretamente não tenha notado.

Renato parou por alguns segundos, pensando no que Otávio dizia, e se deu conta de que era mesmo possível, em razão das provocações que Heleninha lhe fazia.

— É... Pensando bem, acho que você tem razão — ele concordou. — Não dá para descartar a hipótese.

— Pois para mim não se trata de simples hipótese. Eu tenho plena certeza do que estou dizendo.

— E o que, exatamente, o Renato deve fazer? — perguntou Jussara.

— Ele precisa mudar seus pensamentos de rancor e negatividade quanto a ela. Assim perceberá naturalmente o que deve ser feito. O amor, o respeito, a delicadeza... Porque, na realidade, Maria Rita também é importante para ele.

Renato fez cara de quem não tinha entendido muito bem.

– Acalme-se, irmão – Otávio disse olhando para o jovem. – Se fizer o que estou pedindo, verá que o que digo é a realidade dos fatos. Você se propõe a seguir as minhas instruções?

– Sim, com certeza.

– Ótimo... Então, por ora, é só essa a recomendação. Se sentir aflição, eleve seu pensamento a Deus e será assistido de acordo com as suas necessidades. Podemos aplicar nossos passes agora. Semana que vem, no mesmo dia e horário, todos voltarão para continuarmos.

Logo entraram alguns irmãos e, sem dizer nada, postaram-se atrás de cada um e aplicaram os passes magnéticos.

Otávio se despediu de todos. Mas Renato ainda estava intrigado com tudo o que ouviu. Ficou por último e, antes de se despedir do médium, perguntou:

– Como o senhor sabia de tudo tão detalhadamente?

– Não se preocupe com isso, meu irmão. Tudo a seu tempo. Por enquanto, apenas busque a fé e a coragem para lidar com Maria Rita.

Renato foi ao encontro dos pais, que o aguardavam no carro e, durante todo o trajeto, ficou em silêncio. Chegando em casa, foi para o quarto e fez uma singela prece, para que Deus o auxiliasse. Em seguida, adormeceu.

Capítulo 14

PREOCUPAÇÕES E FÉ

Berenice, acompanhada do marido, Luis Carlos, adentrou a casa quando Heleninha, muito apreensiva, perguntou:

— Onde estiveram até agora?

Luis Carlos olhou para a esposa sem saber o que dizer.

— Fomos jantar fora. Por que, minha filha? Aconteceu alguma coisa? — Berenice falou, quando sentiu que o marido nada diria.

Heleninha estava bastante introspectiva e nervosa, parecia sentir toda a energia que eles receberam no Centro Espírita.

— Não... É que vocês nunca saem. Não avisaram nada!

Berenice, abrindo a bolsa para fingir que procurava algo, respondeu:

— Ora, minha querida... Precisamos avisar quando saímos? Afinal, eu e seu pai também precisamos nos distrair um pouco, viver a vida...

Heleninha silenciou e sentou-se no sofá sentindo que algo estranho pairava no ar. Ela tinha sua companheira: "a outra". Mas, sem argumentos concretos, achou melhor não dizer nada.

— Bem... Vamos nos recolher — disse a mãe. — Estou muito cansada. Você vai ficar por aí ainda?

Heleninha não respondeu nada, apenas se encolheu no sofá e apoiou a cabeça sobre os joelhos dobrados.

Luis Carlos e Berenice não insistiram na resposta, seguindo logo para o quarto. Heleninha, quando se viu só na penumbra da sala, sentiu medo. Não sabia o que era, mas ficou olhando para todos os lados como quem procura algo. Sem conseguir controlar o que estava sentindo, foi rapidamente para o seu quarto.

— Nossa filha está estranha, Luis. Você não achou?

— Sim, achei. São os amigos espirituais começando a agir sobre ela.

— Você acha isso? — a mulher perguntou encarando-o.

Nunca te esqueci, sempre te amei!

— Tenho certeza — ele respondeu e prosseguiu: — Berenice, tenho de lhe pedir algo muito importante.

— Mas é claro, meu querido! Pode pedir.

— Sente-se aqui perto de mim.

A mulher aconchegou-se ao marido e ele, delicadamente, segurou nas mãos dela.

— Querida, temos de ser fortes e buscar muita fé nos espíritos. Não sei o que é, mas este trabalho que começou hoje vai mexer muito com a nossa filha. E por nada nesse mundo podemos interferir. Já que chegamos ao momento de provação dela, o que temos de fazer é apoiá-la e agradecer a Deus por tudo isso.

Berenice o olhava muito séria, em silêncio, e Luis Carlos continuou:

— Você reparou a veracidade no que o Otávio nos falou? Como ele podia saber tudo sobre a Heleninha e o Renato? Ele disse até o nome verdadeiro dela. Ah, meu Deus, eu me sinto inseguro. Na verdade, estou com muito medo... O que eles estão preparando chega a ser assustador. É por isso que devemos orar bastante e nos ligar a esses espíritos do bem que se propuseram a nos ajudar.

— O que você está querendo me dizer exatamente? — Berenice perguntou, mostrando-se apreensiva com as palavras do esposo.

Ele segurou mais firmemente nas mãos dela.

— Estou dizendo que tudo o que esperávamos, chegou. Nunca, em minha vida, vi e ouvi tantas verdades. Otávio descreveu os problemas da Heleninha como quem bebe um copo de água quando está com sede; sem rodeios ou dúvidas. Devo confessar que nunca devemos, em hipótese alguma, questionar qualquer coisa. Temos de confiar. Esses espíritos que querem nos ajudar não estão para brincadeira.

A mulher movimentou a cabeça em concordância.

— Para ser sincera, eu senti a mesma coisa. Mas sou forte e vou suportar tudo. Quero minha filha bem e de volta à realidade. Sabemos que quem a acompanha alimenta muito ódio e rancor.

— É por isso mesmo que temos de nos unir.

Sem mais nada dizer, Luis Carlos abraçou a esposa com ternura. E era tudo isso que os amigos espirituais desejavam ver. Ambos se deitaram e dormiram muito bem naquela noite.

Na casa de Ismael e Jussara foi comentada a mesma coisa. Os dois estavam preocupados com seu filho. Afinal, ele era a peça principal dos problemas passados que voltavam para alinhar as provações. Mas ambos confiavam piamente no amparo espiritual e dormiram tranquilos.

Com Francisco e Madalena, os acontecimentos estavam bem mais brandos, pois os dois, como médiuns e trabalhadores da Casa Espírita, sentiam plena confiança nos trabalhos ali desenvolvidos. Em momento algum se sentiram chocados com as verdades expostas por Otávio.

Capítulo 15

MUDANÇA DE ATITUDE

Renato chegou à Angels Brasil bem cedo. Logo, Joice adentrou sua sala demonstrando preocupação.

– Posso entrar, meu amigo? – pediu ela.

– Sim, Joice. Bom dia!

– Bom dia, Renato!

Ela puxou a cadeira e se sentou.

– Parece que você está nervosa ou é impressão minha? – questionou o rapaz.

– Renato, meus pais me contaram tudo... Eu estou preocupada com você!

Ele largou a caneta e alguns documentos que estava lendo e se acomodou no encosto da cadeira.

– É, devo admitir que assusta mesmo. Contudo, estou confiante. A única coisa que fico a pensar incessantemente é que sou o principal personagem dessa história maluca!

– Não fale assim. Seus inimigos ouvem tão bem, ou até mais, do que os amigos.

– Tem razão, Joice. Mas acalme-se. Eu tenho fé de que tudo vai dar certo.

– Estou com muito medo. Nunca imaginei que acontecimentos desse tipo pudessem ocorrer. Já sabia algo, mas nada tão complexo assim! O que pretende fazer?

– Não há alternativa, a não ser me doar da melhor maneira. Talvez me custe muita contrariedade e algumas queimações no estômago, mas vou sobreviver – ele disse forçando um sorriso.

– Sei que você sempre sofreu com problemas no estômago. Temos de orar muito, amigo. Por sua saúde e a de Heleninha.

– Eu sei. Aliás, é o que nos resta.

Bem, amigos que leem este livro, o melhor a fazer é sermos complacentes e dedicados. Não tracemos paralelos entre nós e os outros. Cada um tem o seu trajeto a percorrer. Sigamos nosso caminho e, se aparecer uma oportunidade para ajudarmos alguém que de fato queira ser ajudado ou precise ser amparado, façamo-lo sem hesitação e sem esperar recompensas, pois, ao fazê-lo, estaremos nos purificando espiritualmente.

É lógico que não somos inocentes. Os obstáculos são colocados em nossa caminhada, justamente para avaliar o progresso físico e espiritual que conquistamos. Nosso Pai Todo-poderoso segue nossos passos enquanto caminhamos. Isso quer dizer que Ele estará sempre ao nosso lado.

Vivamos de maneira que possamos ser exemplos de caridade e bondade cristã. Não desperdicemos nossas energias arremessando pedras em tudo e todos. Ergamos nossa fronte e fechemos os olhos e ouvidos para que não nos atrapalhem possíveis atos mesquinhos e desumanos, palavras chulas e sem conteúdo moral...

Elevemos sempre os pensamentos ao Mestre Jesus e nunca nos faltarão as forças de fé e de amor incondicional. Devemos oferecer o melhor de nós em todos os momentos de vida. E sempre tratemos nossos irmãos com humildade e igualdade. Só assim faremos a nossa parte com amor sincero e apoio espiritual.

No ambiente do trabalho material, coloquemo-nos como subalternos humildes e responsáveis diante de nossos superiores. Se formos superiores, coloquemo-nos no lugar de nossos subalternos para que possamos avaliar com bom senso e empatia, as tarefas que tenhamos de ordenar ou cumprir.

Joice olhou com ternura para Renato e disse:
— Puxa, amigo, às vezes você me surpreende!

Ele também a olhou com um carinho fraternal.

— Pois é, Joice. Eu estou disposto a ajudar Heleninha e a me ajudar também, porque, com certeza, não sou inocente nesse episódio.

— Estou realmente feliz que esteja decidido a cooperar — a amiga falou sorrindo.

— Não há como negar essa verdade — Renato disse. — O senhor Otávio relatou fatos que só nós sabíamos... Então, como não acreditar e procurar fazer o melhor que puder?

Joice ia dizer alguma coisa, quando a porta se abriu e Heleninha apareceu de supetão.

— Ah... Desculpem-me! Eu não sabia que estava com alguém...

Renato, na hora em que fixou seus olhos em Heleninha, sentiu algo indescritível. Não soube definir. Contudo, alguma coisa havia mudado positivamente em sua alma e, mesmo com o estômago apresentando uma pequena queimação, agiu com simpatia.

— Não precisa sair, Heleninha. Joice veio fazer uma visita. Como é sua amiga também, não vejo motivo para você não participar da nossa conversa. Entre!

A reação do diretor provocou um abalo na estilista que, inicialmente, não conseguiu distinguir se ele estava sendo sincero ou irônico.

— Não é nada de importante, senhor Renato. Eu volto depois — disse ela, dando um breve aceno para Joice que retribuiu com um sorriso.

Heleninha ia saindo quando, por impulso, Renato se levantou.

— Por favor, Heleninha, fique. Ou diga ao menos do que precisa.

A estilista sentiu o coração disparar, começando a perceber sinceridade naquele gesto de simpatia. Ela se habituara à hostilidade de Renato e realmente não esperava aquele tratamento gentil.

Nunca te esqueci, sempre te amei!

— Bem... Só ia lhe pedir que, quando fosse ver as modelos, me levasse junto, se não se importar...

— Claro que não me importo, Heleninha. Logo após o almoço eu a chamarei para me acompanhar.

A jovem experimentou uma sensação positiva em seu peito. Renato nunca havia sido tão cavalheiro com ela.

— Ok, então... Quando for, me avise — ela gaguejou.

E ia novamente se retirando, quando Renato a chamou de volta.

— Aliás, não gostaria de almoçar comigo hoje?

Heleninha sentiu uma felicidade inexplicável em seu coração duro e amargo.

— Quem? Eu?

— Sim... Você. Aceita almoçar comigo?

— Está bem. Aceito, sim — ela disse abrindo um sorriso e olhando para a amiga que acompanhava tudo em silêncio. — Se Joice quiser nos acompanhar também, será bem-vinda.

A amiga que ambos tinham em comum logo se justificou:

— Obrigada, Heleninha, mas eu tenho de ir embora. Há muitas coisas para resolver.

Heleninha fez um gesto de quem sente muito.

— Poxa, que pena! — olhou para o diretor e perguntou: — A que horas nos vemos, senhor Renato?

— Eu te aviso quando for almoçar. E obrigado por aceitar o convite!

Heleninha acenou com a mão e saiu em silêncio. Nos corredores, ficou pensando na atitude de seu chefe e chegou a ficar com os olhos marejados, pois jamais esperou ter um tratamento generoso como aquele.

Assim que adentrou a sala, fechou a porta rapidamente, enxugou as lágrimas e saboreou aquele momento de triunfo.

Nesse mesmo instante, Joice dizia a Renato:

— Nossa, meu amigo! Pensei que você fosse pegá-la nos braços. Seu teatro foi esplêndido!

Ele voltou a se sentar na cadeira e respondeu pensativo:

— Até que não precisei fazer cena! Se bem que meu estômago deu um sinal de contrariedade, mas eu achei que este momento seria bem pior.

— Mas olha que me convenceu, hein!

— Não exagere, Joice!

— Bom, pelo que estou vendo você não poderá me acompanhar até o Rio de Janeiro.

— Puxa vida! Eu havia me esquecido completamente dessa viagem! Quando você irá?

— Amanhã.

— Mas já? Hum... Está bem, promessa é dívida. Eu irei com você — ele falou decidido.

A amiga o olhou bem séria.

— Renato, você não é obrigado a me acompanhar. Eu deveria ter avisado com mais antecedência. Então, se não puder, não precisa. Eu vou entender...

— Está resolvido, Joice, eu vou com você. Não poderia deixar minha melhor amiga na mão e, aproveito para arejar um pouco os pensamentos.

— Ah, obrigada, meu amigo! Para falar a verdade, eu iria entender, mas ficaria muito triste se não fosse. E, você tem mesmo razão quando fala em se distrair um pouco. Quem sabe essa viagem não ajuda a dar um pouco de alívio ao seu estômago?

Renato fez uma careta e colocou a mão sobre o ventre.

— Nem me fale em estômago, Joice, que ele já dá sinal de vida. Nós iremos juntos, mas vamos esquecer essa palavra, ok?

A amiga começou a rir e cruzou os dedos indicadores nos lábios formando um xis.

— Palavra de escoteiro. Prometo não falar mais sobre o seu estôm... Quer dizer, sobre esse trocinho chato aí.

Nunca te esqueci, sempre te amei!

Os dois gargalharam e Joice se despediu em seguida.

Assim que a amiga saiu, Renato ficou pensando com seus botões: "Até que não foi tão difícil tratar a Heleninha com educação! Talvez eu realmente tenha que repensar a minha postura em relação a ela. Quando queremos algo, somos nós que temos de tomar a iniciativa, e não esperar que a outra parte o faça".

Naquele momento, Renato se lembrou da doença de Fernando e ligou imediatamente para o apartamento dele.

— Alô, Nilza?

— Sim, pois não.

— É o Renato que está falando. Como está o Fernando?

— Já recebeu alta e está aqui em casa. Parece muito melhor, mas continua em repouso. Quer falar com ele?

— Não há necessidade. Deixe-o descansar. No fim do dia vou vê-lo pessoalmente.

— Está bem, querido. Venha, sim, ele vai ficar feliz.

Renato desligou o telefone e fez uma breve prece pedindo proteção para o amigo. Depois da visita ao Centro Espírita, as coisas estavam bem mais claras para ele.

Capítulo 16

CRISE NERVOSA

Por volta de uma hora da tarde, Renato se deu conta do almoço e de Heleninha, que o esperava para comerem juntos. Colocou o paletó, dirigiu-se à sala da estilista e bateu à porta, que se encontrava fechada.

– Posso entrar? – perguntou em tom alto. – Podemos ir almoçar?

Heleninha custava a acreditar em tudo o que acontecia. Sabia que a "outra" estava se sentindo plena, mas ela ainda estava confusa com o comportamento de Renato que, às vezes, lhe parecia verdadeiro e, outras vezes, não.

– Podemos, sim – ela respondeu animada.

Heleninha pegou sua bolsa e saiu acompanhada do chefe. Todos os que se encontravam em suas salas olharam curiosos.

Zuleica, sem conter o desejo de fofocar, foi à sala de uma colega e perguntou:

– Amiga, você viu o que eu vi?

– Sim. Não dá para acreditar!

– Pois é. Acho que hoje cai uma tempestade daquelas.

Aos poucos, vários funcionários se aglomeraram comentando o que não era da conta deles. Era um falatório exagerado, mas não esperavam que Ismael surgisse do nada e pegasse todos em flagrante.

– O que está acontecendo aqui? Alguém morreu e não me avisaram? – perguntou o dono da empresa, que já sabia dos acontecimentos, pois Renato o havia comunicado sobre a decisão de convidar Heleninha para almoçar.

– Não, senhor... Estávamos apenas comentando que...

– Pois eu acho melhor cada um ir cuidar de seus afazeres – Ismael interrompeu o funcionário com rispidez. – Tenho certeza de que até Deus está triste com o comportamento de vocês! Vamos trabalhar! O trabalho edifica o homem!

Não foi preciso que ele dissesse mais nada. Todos foram para os seus postos de cabeça baixa, tentando esconder a vergonha que sentiram.

Ismael continuou a andar até a saída com muita vontade de rir. Mas ria por dentro, pois o episódio, apesar de irritante, chegava a ser hilário. Enquanto saía, pensava no quanto o ser humano é falho e inconsequente. Em vez de fazerem uma reforma íntima, aqueles fofoqueiros se puseram a fazer mexericos sobre a vida alheia. De qualquer modo, o susto que levaram com a sua chegada repentina e o constrangimento pela bronca, foram bem merecidos.

Enquanto isso, alheio ao que se passava na empresa, Renato puxava a cadeira para que Heleninha se acomodasse à mesa do restaurante. Depois que a moça se sentou, ele deu a volta e posicionou-se de frente para a sua convidada. Gentilmente, entregou o cardápio para que ela fizesse o pedido.

— Escolha com calma. Não temos pressa.

Ela sorriu e perguntou:

— Posso lhe fazer uma pergunta?

— Claro que sim.

Renato foi positivo, mas, sabiamente lia os pensamentos da jovem.

— Por que você está tão diferente comigo?

— Eu, diferente? — disfarçou olhando em volta, como se procurasse algo ou alguém.

Heleninha esperou que ele voltasse a olhá-la e disse:

— Por favor, não me responda com outra pergunta.

Ele raspou a garganta e movimentou-se na cadeira.

— Claro! Você está certa, Heleninha. Ocorre que eu pensei muito e acho que devo ser um pouco mais sociável com as pessoas. Tenho me preocupado demais com a crise do país, sabe? Concluí que o meu modo intransigente de ser não ajudará em nada e que, ao contrário, só vai piorar as coisas. Então estou tentando mudar o meu modo de agir em relação aos funcionários e aos amigos.

Ela o olhou profundamente.

— Devo confessar que fiquei até com um pouco de medo...

— De mim?

— Sim. Era tão...

— Insuportável? — Renato a interrompeu.

Heleninha começou a rir.

— Bem... Não chega a tanto, mas devo dizer que era um pouco antipático.

— Sabia que fica muito bonita sorrindo? — ele a surpreendeu com um inesperado galanteio.

Heleninha ficou completamente desorientada.

— Melhor parar de ser tão gentil. Já estou ficando envergonhada!

— Não é preciso. Realmente estou sendo sincero.

Ela abriu ainda mais o sorriso.

— Verdade?

— Sim, você devia sorrir mais. Com um sorriso nos lábios nós mudamos muito. Às vezes, as pessoas nos julgam antipáticos ou austeros, mas é apenas a falta de um sorriso. E você, embora já seja bela, fica melhor quando sorri.

A estilista se atrapalhou toda. Era sempre impiedosa, antipática e austera, como citou o diretor da Angels. No entanto, as coisas estavam mudando. Sem se dar conta, Renato lhe fazia um bem enorme.

— Se está dizendo, eu acredito. Sabe... Às vezes, eu gostaria de saber por que você era tão duro comigo.

— Foi por isso que se desdobrou com afinco no trabalho?

— Devo dizer que sim. Queria lhe provar que era tão boa quanto você.

— Quer dizer que me acha bom?

Heleninha, cada vez mais, ficava sem jeito, pois nunca esperou que seu suposto desafeto pudesse mudar tanto. Embora algo em seu espírito a incomodasse, a "outra", estava tendo dificuldade para trazer a maldade à tona. Ela estava encantada com o comportamento gentil de Renato e tudo o que desejava agora era aproveitar, de todas as maneiras, o momento positivo que vivenciavam. Heleninha estava sentindo o êxtase de vidas remotas.

— Se quer minha sincera opinião, você deve ser melhor do que eu — Renato completou o que estava dizendo.

— Como assim? Não entendi! — ela respondeu com sinceridade.

— Seu trabalho com os desenhos, os modelos de roupas são perfeitos. Por esse motivo, achei melhor mudar o tratamento em relação a você. Preciso de uma parceira e não de uma rival no ambiente de trabalho. Um clima de competição que nos levasse a constantes desentendimentos poderia ser prejudicial à empresa e, consequentemente, a nós dois.

Mesmo percebendo sinceridade naquelas palavras, Heleninha começou a ficar com raiva de tudo aquilo. Sentiu em seu coração uma humilhação que não sabia de onde surgia.

— Gostaria que você me falasse sobre o Fernando — Renato pediu.

— O que gostaria que eu comentasse? — perguntou Heleninha, sentindo agora que a "outra" começava a comandar suas ações.

— Quero saber como ele está... O que o médico disse a respeito do que ele sentiu...

A moça olhou para os lados com impaciência e foi bem ríspida ao dizer:

— Estou com fome. Será que posso fazer o meu pedido?

Renato notou a mudança de humor dela e se preocupou.

— Tudo bem. Vamos pedir.

Ele chamou o garçom e fez os pedidos. Heleninha silenciou completamente. Como Renato tinha ouvido de Madalena sobre a doença espiritual da estilista, não quis perguntar mais nada. Apenas observava os modos dela.

A refeição chegou e foi servida. Cada qual saboreava seus pratos; ambos calados. O diretor da Angels sentiu que seria difícil a convivência com Heleninha e que, se quisesse mesmo ajudá-la, teria que ter muita paciência. Somente após o almoço, ela se manifestou:

– Podemos ir embora?
– Não quer tomar um café?
– Não, obrigada! Tenho muito trabalho me esperando.
– Ok.

Renato pediu a conta. Pagou e voltaram para a empresa. Assim que chegaram, Heleninha agradeceu e foi para a sala dela. Renato entrou em sua sala e se acomodou na cadeira com os pensamentos a correrem incessantemente: "Por que ela mudou daquele jeito? Sua doença parece que quis se manifestar. Meu Deus, ajude-me a ajudá-la, pois eu não sei exatamente o que fazer. Será que ela percebeu algo em mim?".

Tarcísio, em um canto da sala, procurou acalmá-lo. Sem esperar mais, aproximou-se do jovem e lhe aplicou passes, impondo as mãos sobre a cabeça dele. Aos poucos, Renato sentiu as boas energias que o envolviam e teve a sensação de ouvir uma voz sussurrando em seu ouvido: "Tenha calma, irmão! Ela carrega em sua alma a doença adquirida durante os anos de vingança e ódio que alimentou".

Renato se sentiu mais calmo e fez uma prece em busca de amparo para obter sucesso em sua empreitada. "Não posso fraquejar agora. Tenho de conseguir, para o bem dela e para o meu também", pensou quase em voz alta.

Heleninha, em sua sala e com a porta fechada, sentia-se incomodada e contrariada. A passos rápidos, ia de um lado a outro incessantemente. A vibração negativa voltou a tomar seu corpo. Seus pensamentos eram os piores possíveis

Nunca te esqueci, sempre te amei!

e plasmavam ódio: "Você o encontrou e ele tem de pagar por tudo o que fez. Ele é a escória da escória. Nunca me quis de verdade, trocou-me pela esposa sem graça, que nunca teve a formosura de uma bela jovem como eu".

Heleninha se encontrava completamente descontrolada. Passava as mãos nos cabelos, desalinhando-os. Os sentimentos negativos que a dominavam só faziam aumentar a sua raiva. Pensou em ir até a sala de Renato e agredi-lo com as próprias mãos.

— Nãoooo... — ela gritou sonoramente, tentando se impor à voz interior que a comandava.

E, logo após o grito, caiu desmaiada. Vários funcionários da empresa, ouvindo o barulho, correram para a sala da estilista e tentaram entrar, mas a porta estava trancada por dentro. Renato também ouvira o grito estridente e foi ver do que se tratava.

— O que houve? — perguntou às pessoas que se aglomeravam no corredor.

— Não sabemos. Heleninha gritou, mas a porta está fechada por dentro!

— Afastem-se... — ele pediu.

Sem pensar duas vezes, Renato deu um fortíssimo pontapé na porta, arrombando-a violentamente. Heleninha estava estirada sobre o carpete, sem esboçar qualquer reação. Renato tomou-a em seus braços e, quase gritando, pediu a alguém que ligasse para a garagem e mandassem deixar seu carro a postos.

Tudo foi feito com rapidez e em pouco tempo os dois chegaram ao hospital.

— Por favor, alguém me ajude... — ele gritou assim que conseguiu estacionar próximo à entrada de emergência.

Logo uma equipe acomodou Heleninha em uma maca e a conduziu para uma sala de atendimento emergencial.

— O que houve? — perguntou o médico que a atendeu juntamente com uma enfermeira.

– Eu não sei – Renato disse com a respiração ofegante pela correria. – Ela estava em sua sala de trabalho, quando deu um grito muito forte e desmaiou.

– Tudo bem – disse o médico. Vamos examiná-la. Qual é o nome da jovem?

– Heleninha.

Enquanto a estilista era atendida, Renato ficou em uma sala de espera, ao lado. Não sabia o que pensar. Pela primeira vez, desde que Heleninha havia entrado para a Angels, foi que se deu conta de que estava preocupado com ela.

Tarcísio ficou junto dele. Sabia que o rapaz precisaria de amparo espiritual. O caso ocorrido há mais de um século exigia reparação e já não havia mais tempo a perder.

A verdadeira comandante de todas aquelas ações estava ali, bem próxima de seu desafeto. Totalmente desequilibrada, reivindicava o que achava ter por direito. Sua alma alimentava o ódio e o rancor por Thomas, que na atual encarnação atendia pelo nome de Renato.

Muitas vezes, não sabemos rever nossos conceitos, nossos defeitos, e colocamos expectativas demasiadas sobre outras pessoas, achando que elas nos devem.

Nunca pensamos que nos cabe a culpa de provações duras, achando que o mundo é que está errado; que somos os rejeitados, os coitadinhos. E isso não existe. Precisamos ter consciência do nosso livre-arbítrio. Nós escolhemos o caminho, escolhemos o que muitas vezes a ilusão nos faz procurar. Por isso temos de orar e vigiar sempre.

Todos, sem exceção, precisam ter consciência de que os que reencarnam neste planeta estão aqui para cumprir provas. Não importa se são suaves ou duras. O que importa é que todos são iguais. Não deixemos que as ilusões que passaram por nossas vidas nos tomem por inteiro. A ilusão não é, e nunca será, uma boa conselheira.

Espíritos, corpo espiritual e corpo físico, tudo deve estar em perfeita harmonia. Quando nos escravizamos em busca dos bens mundanos, olvidamos os ensinamentos do Pai, começamos a nos destruir gradativamente e nossa saúde entra em grande colapso.

Deus tem sido pródigo conosco e muito temos recebido. É preciso que purifiquemos nossa alma, distribuindo o amor e a caridade entre nossos irmãos, em vez de nos fecharmos como uma ostra para as dificuldades. Entreguemo-nos às orações e à luz divina, pois só assim teremos condições de seguir adiante, firmes e amparados pela espiritualidade superior.

A verdadeira competição deve ser para distribuir amor, caridade e perdão; nobres ações de quem tem a palavra amiga e a mão que ajuda desinteressadamente. Não pensemos em nos valer do bem para obtermos privilégios ou qualquer benefício em troca.

Com certeza, os bens ofertados como caridade e auxílio ao irmão menos favorecido serão pontos de luz para iluminar a nossa jornada. Isso se reverterá em grande bem-estar que envolverá nossa alma, deixando claro que o bem praticado com boa vontade é o que nos basta. Nossa alma sentirá uma leveza indescritível. Por isso, meus amados irmãos, nós devemos agir com verdade e amor, cultivando ações positivas em nossa caminhada.

Renato esperou por mais de quarenta minutos, até que um médico o procurou.

— Você é acompanhante da jovem que atende por Heleninha?

— Sim, senhor. O que houve?

— Ela está bem. Parece ter tido uma crise nervosa. Sabe se ela tem algum problema de saúde?

Renato não sabia se contava ou não que ela sofria de esquizofrenia.

— Bem... Eu não sei. Por que, doutor?

— Por nada. Ela apenas balbuciou alguma coisa irreal e...

Nesse meio-tempo chegou Berenice.

— Graças a Deus, encontrei você, Renato! Como está minha filha?

— A senhora é a mãe dela? — perguntou o médico antes que o rapaz respondesse.

— Sim... Sou eu!

— Acalme-se, ela está bem. Já acordou e apenas fica dizendo palavras sem muito nexo. Mas não deve ser nada grave. Certamente consequência da crise nervosa que enfrentou.

Berenice se preocupou, mas também não quis tocar no assunto da esquizofrenia.

— Posso vê-la, doutor?

— Sim, pode. Só peço que não faça perguntas até que ela se recupere.

— Está bem. Obrigada!

Berenice ia entrando quando se deu conta de que Renato a observava e voltou-se.

— Obrigada por tudo! Devo muito a você. Se precisar ir embora, não se preocupe.

Berenice sentiu, pela fisionomia de Renato, que ele não estava muito bem.

— Está sentindo alguma coisa? — perguntou-lhe

— Não, senhora. Eu estou bem...

— Mas está com a mão no estômago. Sente dores? Talvez seja por estar preocupado com a moça. Não quer passar em uma consulta? — interveio o médico gentilmente.

— Acho boa ideia, doutor! — arrematou Berenice.

Nunca te esqueci, sempre te amei!

— Não é preciso. Eu realmente estou bem — Renato respondeu. — Já me acostumei com os alardes do meu estômago!

— Tem certeza disso?

— Tenho, sim, senhora. Apenas gostaria de ver a Heleninha.

Berenice pensou por alguns segundos antes de responder:

— Desculpe, mas eu acho melhor não. Porém prometo que logo terá notícias dela.

Renato ficou com o coração apertado, mas entendeu e se despediu.

— Ok... Boa sorte! Que Heleninha esteja bem, senhora.

— Ela vai estar, se Deus quiser!

Renato se virou para ir embora e Berenice ficou por longos instantes olhando-o com admiração, enquanto ele se afastava visivelmente preocupado.

Capítulo 17

PAIXÃO OBSESSIVA

Já quase ao fim do dia, Renato voltou à Angels para dar notícias de Heleninha. Ele era um homem atencioso e gostava de manter todos os funcionários informados sobre os acontecimentos na empresa. Depois de tranquilizá-los sobre o estado de saúde da estilista, ele fez um pedido:

— Por favor, podem ir para as suas casas. Amanhã nós continuaremos os trabalhos.

Renato sentou-se em sua majestosa cadeira, abriu uma gaveta e tomou um comprimido para aliviar a dor de estômago que o incomodava. Ismael apareceu preocupado quando soube que o filho havia chegado.

— E aí, Renato, como a Heleninha está?

— Bem, meu pai. Eu não a vi depois do atendimento, mas o médico disse que está bem. A mãe dela foi para o hospital e está fazendo companhia.

— Graças a Deus! Hei... Mas por que você não entrou no quarto dela?

— Porque dona Berenice chegou na hora que eu ia entrar e, como mãe, foi dada a ela a preferência de ver a filha.

— Você não quis vê-la?

— Até gostaria, porém dona Berenice achou melhor não.

— Mas foi você quem a socorreu!

— Eu sei, pai, mas ela deve ter seus motivos. Foi muito educada comigo. Disse que me daria notícias. E, pensando bem, ela é a mãe, tem prioridade, saberá lidar melhor com o que aconteceu.

— É, acho que tem razão. Então vamos para casa descansar, meu filho?

— Vai indo, pai. Eu vou passar na casa do Fernando.

— Sabia que estava preocupado com o seu amigo — Ismael disse batendo no ombro dele. — Faz bem. Vá sim.

Os dois desceram juntos. Na garagem, Renato pediu:

— Pai, pede para a mamãe arrumar uma mala para mim. Poucas roupas.

Nunca te esqueci, sempre te amei!

— Para onde vai, filho?
— Vou acompanhar Joice até o Rio de Janeiro.
— Acho que devia descansar...
— Eu prometi, pai. Não farei essa desfeita para a minha amiga.
— Na verdade, não faz desfeita para ninguém. Deve cuidar mais da sua vida, meu filho. Pensa que não notei que está com dores? Ficar segurando ou apertando o abdome não vai resolver sua enfermidade.
— Não se preocupe, eu já tomei um comprimido. Não me custa nada. Assim eu saio um pouco dessas vibrações que me rodeiam.

Ismael silenciou um tempinho para refletir.
— Desculpe-me, filho! Fui bastante egoísta em minhas observações. Sei que você precisa espairecer. Vá, sim. Os ares de outra cidade lhe farão bem.

Renato nada respondeu, entrou em seu carro e saiu. Ismael ficou penalizado com a situação do filho, embora sabendo que tudo tem a sua razão de ser. Ainda assim, parecia ser muita responsabilidade para o rapaz.

Assim que Renato chegou ao apartamento de Fernando, foi anunciado pelo porteiro e subiu. Nilza estava na porta esperando.
— Quem bom que veio, meu querido!

Renato abraçou Nilza e entrou.
— Como está o Fernando?
— Graças a Deus, está melhor.
— Nossa, Nilza, você parece desanimada.
— É... Para falar a verdade, estou mesmo.
— E por quê? O Fernando não está melhor?
— Sim, está. Mas até aquela sirigaita aparecer outra vez...

Renato logo percebeu que ela falava de Heleninha. Foi uma grande deixa para ficar mais a par da situação.
— Nilza, me diga com toda a sinceridade: por que cismou com a Heleninha?

— Renato, meu filho, não entendo muito da sua doutrina, contudo, sou temente a Deus e posso lhe dizer que essa moça é o demônio encarnado!

— Minha nossa, Nilza! Você não devia dizer essas coisas.

— Renato, há quanto tempo o conheço? Há muito, não é, meu filho? Pois então... Eu sinto. Ela é de má índole. É a Heleninha quem está destruindo o pobre do Fernando.

— Como assim? O que você sente?

— Ela suga toda a energia do seu amigo. Ainda não sei o que ela pretende, mas se eu fosse você ou o Fernando, faria alguma coisa. Ela veio para a desavença, tenho certeza. Só de falar dela me arrepio toda.

Nilza mostrou o braço arrepiado para confirmar o que dizia e Renato também sentiu algo estranho naquele momento.

— Bem... Posso ver o Fernando? - pediu Renato, tentando disfarçar o seu mal-estar.

— Claro, meu filho! Ele está lá no quarto.

Renato bateu à porta que estava entreaberta.

— Posso entrar, cara?

Fernando abriu um sorriso enorme.

— Oh, amigo... Claro que sim... Que bom que veio!

— Como você está?

— Bem... Muito bem. Cara... Não sei o que aconteceu! Sente-se aí, meu!

Renato se acomodou aos pés da cama.

— Vai ver anda namorando muito!

Fernando olhou para a porta e pediu:

— Feche-a, por favor.

Renato fechou a porta e se acomodou em uma poltrona que havia no quarto do amigo. Achou melhor, pois parecia que tinha assunto sério a caminho.

— Meu, você sabe que tem razão? – Fernando disse.

Renato franziu o cenho, intrigado, e o outro prosseguiu:

Nunca te esqueci, sempre te amei!

— Sobre estar namorando muito... Eu nunca fiquei com uma garota como a Heleninha. Ela é demais, cara!

— Ah, você está brincando, né?

— Não, Renato, digo a verdade. Essa garota é de outro mundo!

Renato começou a sentir algo estranho em seu corpo. Suas mãos gelaram e minavam suor.

— O que ela faz de tão especial assim? — ele perguntou, mesmo sabendo que o rumo daquela conversa não seria de bom-tom. Mas precisava saber de tudo.

— Não sei te dizer. Ela me toca e, quando vou ver, apaguei. A essa altura, ela já se foi. Minhas roupas ficam todas espalhadas e eu acordo sem ter noção do que aconteceu! Você já viu uma coisa dessas?

— Não, Fernando, eu nunca vi. Quer dizer que você não sente nem vê as primeiras carícias?

— Sim. Quer dizer, no começo é tudo normal. Porém, à medida que ela vai se empolgando, eu vou ficando relaxado e, sem perceber, eu apago.

— Ok... Ok... Já entendi tudo e vou te pedir um favor...

— Ah, não! Se é o que estou pesando, esquece. Eu não vou deixar de sair com ela, cara. Quando estamos juntos é bom demais! Você não tem noção...

— Mas você não pode deixar que ela te domine assim! E depois, você mesmo disse que sempre fica apagado e não aproveita nada. O que há de especial nisso, cara? — Renato protestou sem se dar conta de estar quase gritando.

Fernando ficou assustado e perguntou:

— Do que você está falando, meu? E por que está tão nervoso?

Renato balançou a cabeça em negação.

— Desculpe-me, amigo! Não foi isso que eu quis dizer e nem queria falar tão alto. Apenas estou pedindo para tentar segurar a onda, se cuidar mais... Por favor, fique mais atento aos acontecimentos. Você ficou doente sem mais nem menos...

— Eu agradeço a sua preocupação, Renato, mas não estou nem aí para os acontecimentos! Talvez eu não tenha me expressado direito. Claro que sinto os primeiros toques da Heleninha, e são maravilhosos! É que eu fico louco na hora, sabe? A sensação de prazer é muito forte! É a partir daí que eu não consigo recordar de mais nada. Não sei te explicar, cara, mas ela é uma mulher muito especial! Não se iguala a nenhuma garota com quem já tenhamos saído!

Renato sentiu que nada levaria Fernando a enxergar o que estava acontecendo e aquiesceu:

— Tudo bem... Tudo bem... Não está mais aqui quem falou. Quem sou eu para te ensinar a lidar com uma garota, né?

O outro riu.

— Renato, não vou falar para você experimentar a Heleninha, como já fizemos com outras garotas, porque estou com os quatro pneus arriados por ela. Estou loucamente apaixonado pela Heleninha e não posso nem imaginar outro cara beijando aqueles lábios maravilhosos.

Renato o encarou muito sério.

— Está louco, cara?!

— Não, não estou louco. Estar "loucamente" apaixonado é só um modo de falar e isso não tem nada a ver com loucura mental.

"Será que não tem mesmo?", Renato questionou-se em pensamento, sem coragem de fazer a pergunta em voz alta. Estava claro que Fernando não o levaria a sério.

— E se ela não for o que você está pensando? — indagou ao amigo, sinceramente preocupado com a atitude dele. — Se você sofrer uma decepção?

— Não quero nem pensar nisso. Quero viver intensamente este momento, pois ele tem me feito muito bem.

Renato deu um sorriso desanimado. Tudo aquilo confirmava a força que Heleninha possuía, não só sobre Fernando, mas sobre qualquer um que desejasse dominar.

— Tem razão – ele falou olhando para o amigo. – Eu não direi mais nada, ok? Tenho de ir embora agora. Só vim saber como você estava e já me dou por satisfeito.
— Então, como está vendo, eu estou ótimo!
— É verdade. Vou para casa. Amanhã tenho uma viagem com a Joice. Você vai para a Angels?
— Vou, sim, sem falta. Aliás, estou louco para voltar à ativa!
— Ok, então...

Renato se levantou e Fernando também. Ambos se abraçaram fortemente. Havia muito amor entre eles. Em seguida, sem dizer mais nada, o jovem diretor foi para casa.

No caminho, Renato sentiu que estava frágil e começou a chorar ao pensar no amigo e em Heleninha. Refletia sobre o que estava acontecendo e não sabia exatamente o que fazer para ajudar. Lembrou-se de Otávio e das coisas que ele havia dito. Renato não se sentia forte o suficiente para encarar aquela responsabilidade.

— Meu Deus! O que eu fiz para essas pessoas? Ajude-me, eu peço humildemente, por favor!

Entrou na garagem de sua casa e ficou mais um tempo dentro do carro para ver se conseguia conter as lágrimas que desciam copiosamente. Naquele instante, Tarcísio, o amigo espiritual que o acompanhava, aproximou-se amavelmente e sussurrou:

— Calma, querido irmãozinho! Você é forte, é capaz, e eu estarei sempre junto a ti. Não desanime, ore para Deus e ao Mestre Jesus. Juntos intercederemos em prol desses irmãos que tanto precisam de ti. Tenha fé e confie!

Renato foi se sentindo fortalecido e sereno: "Eu vou conseguir... eu vou conseguir...", pensou enxugando as lágrimas.

FÁTIMA ARNOLDE PELO ESPÍRITO ALEXANDRE VILLAS

Quando se sentiu mais revigorado, entrou em casa e os pais o esperavam. Eles estavam preocupados com os últimos acontecimentos.

— Olá, meu filho — Jussara disse beijando-o.

— Ainda acordados?

— Estávamos esperando você. Vou buscar algo para se alimentar.

— Não precisa, mãe.

Renato deixou-se cair no sofá.

— Já se alimentou? — Jussara perguntou.

— Não, mãe. Mas não estou com um pingo de apetite.

— Mas é preciso colocar algo no estômago. Tem ficado muito tempo sem se alimentar. Seu pai me falou sobre suas dores. Filho, sabe bem que precisa se cuidar. Você vem sofrendo disso há muito tempo. Agora é hora de ficar forte.

— Eu sei, minha mãe. Mas não consigo. A dor já faz parte de mim.

— Tudo bem... Não vou insistir mais, sei que pode piorar. Mudemos de assunto.

— Como estão Heleninha e Fernando? Seu pai me contou o que houve com ela.

— Ambos estão bem. Não vi Heleninha, porém o médico disse que, embora estivesse falando algo sem nexo, estava bem. Quanto ao Fernando, ele se encontra bem, mas eu sei que é só pelo fato de estar longe da Heleninha. Tenho certeza de que assim que estiverem juntos, ele vai se enfraquecer novamente.

— Parece que já está entendendo tudo da melhor maneira. Eu estava comentando com o seu pai que o Fernando é, sem dúvida, uma das peças desse quebra-cabeça.

Renato se mostrou curioso.

— Eu também já pensei sobre isso, mas o que a senhora está sabendo?

Nunca te esqueci, sempre te amei!

– Filho, estivemos conversando com a Madalena e ela nos garantiu que o Fernando fez parte das ocorrências de sua vida passada.

Renato refletiu por alguns segundos e comentou:

– É isso mesmo. Tudo faz sentido agora. É por isso que o Fernando fica enfermo quando está junto da Heleninha.

– É mais ou menos isso, filho – concluiu Jussara.

– Só que não sabemos aonde isso vai nos levar – disse Ismael.

– O que o senhor tem em mente, pai?

– Quisera saber para ajudá-lo, meu filho!

Renato se levantou.

– Sabe de uma coisa? É muita informação para mim, vou tomar um banho e descansar. Amanhã vou logo cedo para o Rio de Janeiro com a Joice.

Abraçou os pais dando-lhes boa noite e subiu para seu quarto. Ismael e Jussara elevaram os pensamentos a Deus pedindo proteção ao filho. Jussara ainda fez um último comentário com o marido:

– Renato estava chorando. Será que ele vai estar preparado para tudo o que ainda vem?

Ismael, apenas acenando com a cabeça, abraçou a esposa e os dois também se recolheram para dormir.

Capítulo 18

PACIENTE IMPACIENTE

FÁTIMA ARNOLDE PELO ESPÍRITO ALEXANDRE VILLAS

Berenice entrou no quarto onde Heleninha se recuperava. Logo que adentrou, não foi tão bom assim.

— Mãe... Por favor, fala para esses incompetentes que eu preciso ir embora!

— Calma, minha filha. Calma...

— Por favor, vocês poderiam me deixar a sós com ela?

— A senhora tem certeza do que está nos pedindo? – perguntou o médico.

— Tenho sim, senhor.

— Está bem. Mas, se precisar de nós, é só apertar essa campainha.

— Sim, senhor, fique tranquilo.

Todos saíram do quarto deixando Berenice com a filha.

— Quer ir para casa, não quer?

Heleninha balançou a cabeça positivamente.

— Então tem de se acalmar. Aqui você não pode se impor. Eles não autorizarão sua alta. Deu para entender?

Heleninha fez cara de brava. Contudo, entendeu o recado da mãe.

— Se eu fosse um médico também não a deixaria sair. Parece que não entende. Você tem de cooperar conosco. Sei muito bem que se trata de influências de ódio, raiva, mágoa, vingança... Mas aqui, no hospital, não funciona assim. Aqui ninguém vai tratá-la como uma coitadinha nem deixá-la ir embora antes de ficar boa. Eles sabem quem está doente ou não.

Heleninha, ou quem quer que estivesse naquele corpo, foi serenando e percebendo que Berenice tinha razão. A pobre mulher sofria muito, mas acabou entendendo como lidar com aquele espírito atormentado que comandava as vontades de sua filha; um espírito egoísta, severo consigo mesmo, fazendo valer o que considerava seus direitos.

Berenice, que estava cansada de carregar aquela provação, encontrava-se um pouco ofensiva, por entender que às vezes precisava se impor para limitar as ações do obsessor. Porém tudo aquilo a deixava exausta demais.

Muito esperta e articulada, Heleninha foi serenando. A mãe sentou em um canto e começou a fazer orações. Ela sabia que só assim seria sustentada espiritualmente. Após anos sofrendo pela filha, sabia que o único jeito de obter algum sossego era se aliando a Jesus. E foi o que fez naquele momento.

Passados mais de quarenta minutos, o médico sentiu que algo havia melhorado naquele sombrio quarto e se dirigiu para lá.

— Com licença.

— Pode entrar, doutor.

Ele se aproximou da enferma e notou que ela havia melhorado muito.

— Parece-me que já se encontra bem — disse olhando Heleninha.

— Claro que sim, doutor. Estou ótima! Peço que me desculpe pela falta de educação e discernimento. Sei que o senhor tem de se impor como profissional. Eu é que fui incompreensiva e rebelde. É que estava com muita vontade de ir para casa. Não fui uma boa paciente... Perdoe-me!

O médico examinou-lhe as pupilas, auscultou a frequência cardíaca e sentiu que a jovem era outra.

— Puxa vida, sua mãe lhe fez muito bem! Darei alta imediatamente.

Berenice agradeceu a Deus e aos bons espíritos e foi para casa com a filha. Heleninha não comentou mais nada, manteve-se introspectiva. Parecia que estava realmente sendo amparada.

Ocorre que Tarcísio, que acompanhava Renato para fortalecê-lo e auxiliar em seus ensinamentos práticos, pediu a

Dolores que acompanhasse Heleninha e a sustentasse, auxiliando-a por intermédio de quem se aproximasse dela.

Dolores era mais uma colaboradora da Pátria Espiritual que se prontificou em cooperar com os demais amigos de luz que se propuseram a atuar sobre aquele complicado caso de reparação e expiação, relativo a débitos pretéritos.

Assim que Berenice e Heleninha adentraram a casa, Luis Carlos e João ficaram apreensivos com a chegada delas.

— Como está, minha filha? — questionou o pai, bastante preocupado.

— Bem... Foi só uma indisposição. Já passou, preciso urgentemente tomar um banho e descansar.

— Pois vá, minha filha — concluiu Luis Carlos.

Heleninha se retirou e, naquele fim de noite, não a viram mais. Realmente a jovem se recolheu.

— Nossa, mãe! Como ela está calma — observou João.

— É... Está... Precisamos saber até quando! — Berenice falou um tanto desanimada.

— Mãe, precisamos ter fé e acreditar que já começaram um grande trabalho para a minha irmã. Nós temos de mudar nossas vibrações. Do que nos vale todo esse aparato? Até o Renato está cooperando, mas se não houver fé e esperança, de que adianta todos se entregarem a essa causa? Vamos mudar nossas atitudes, agora que já estamos sabendo, mais ou menos, do que se trata.

— Tem razão, João. É isso mesmo, Berenice — Luis Carlos falou. — Temos de confiar nas orações e em tudo o que o Otávio nos disse. Ele foi tão óbvio. Como sabia de tudo aquilo? Foram muitos os detalhes que explanou para nós...

— É verdade. Nunca vi algo assim! — concordou Berenice.

Nunca te esqueci, sempre te amei!

João se aproximou da mãe e do pai e os abraçou. Estava entendendo quanto sofrimento os dois guardavam, há tantos anos. Ele percebeu que havia chegado a hora de entrar naquela batalha para defender a família.

Capítulo 19

A VIAGEM

Renato acordou se sentindo bem no dia seguinte. Estava tentando digerir todos aqueles acontecimentos. Juntou-se aos pais para o café da manhã e tudo transcorreu sem novidades. Jussara e Ismael acharam que aquela viagem seria um ótimo refrigério, pois seu filho precisava se distrair. E ninguém melhor do que Joice para estar ao lado dele. Os dois se davam bem desde a infância.

Renato, aparentemente calmo, tomou seu café, conversou alguma coisa e se levantou para sair.

– Mas já vai, filho? Não se alimentou direito – disse Jussara.

– Tenho de ir... Já está na hora.

Renato pousou um beijo em cada um e se foi.

– Que tenham um bom dia! Qualquer coisa me comuniquem, pois não vou largar do celular. Está bem?

– Pode deixar, meu filho. Boa viagem!

Renato pegou um táxi e foi buscar a amiga. Logo chegaram ao aeroporto. Quando já estavam bem acomodados no avião, Joice não pôde fugir do assunto.

– Como você está, meu amigo?

– Bem.

– Nossa, que resposta mais curta. Como ficou Heleninha?

– Para falar a verdade, não sei. Dona Berenice não deixou que eu entrasse no quarto onde ela estava internada. Compreendi que tinha seus motivos.

– Espero que tudo tenha ficado bem mesmo.

– Eu também. Contudo, para lhe dizer a minha versão, embora eu tenha crescido nessa doutrina, estou confuso. O senhor Otávio, que me atendeu, fez relatos incríveis.

– Como assim? Você não acreditou nas palavras dele?

– Pelo contrário. Acreditei em tudo. É exatamente isso que me intriga. Como ele pôde desenrolar, com tanta propriedade, as verdades de Heleninha? Eu não a conheço para julgar ou dar palpites, mas os pais dela estavam lá e concordaram com tudo. Sua mãe, que já está envolvida com essa passagem toda, confirmou.

— Deixe-me ver? — pediu Joice

Renato a olhou sem entender.

— Ver o quê?

— A marca em seu braço. Minha mãe disse que é de arrepiar.

— Para que tudo isso, Joice? Acho que não temos que dar tanta importância a isso.

— Está com medo também?

Renato silenciou e Joice o forçou a falar.

— Renato, somos amigos há muitos anos. Nossos pais se conhecem muito bem, como conheciam os pais do Fernando. Na realidade, somos uma grande família. E as famílias servem para isso: se ajudarem.

— A verdade é que estou com medo, sim. Essa moça traz junto de si algo indescritível. Ela tem o poder de manipular, escravizar, tomar as pessoas como bem entender. Ela tem o poder da persuasão.

— Agora, quem está ficando assustada sou eu — disse Joice encarando-o.

— Não quero que se assuste. Mas temo o que está por vir.

Renato silenciou, desabotoou a camisa e mostrou a marca que vibrava com vida em seu braço.

— Meu Deus! O que vem a ser isso? Parece a tatuagem perfeita de uma mão.

Renato já ia escondendo a marca quando Joice pousou sua mão sobre ela e fechou os olhos. Ele não a impediu, pois notou que a amiga vibrava com fervor. E assim passaram longos segundos, até que ela própria puxou a manga da camisa e fechou o botão.

— E aí, Joice, o que sentiu?

A moça não tinha muito que comentar.

— Com licença, vou ao banheiro.

Saiu apressada e, ao entrar no banheiro da aeronave, lavou o rosto e molhou a nuca e os pulsos. Sentia uma vontade imensa de chorar. Sentou-se no vaso sanitário e orou com fervor.

Há muitos anos Joice se lembrava de seus pais, em grande harmonia, praticando o Evangelho no lar e, frequentemente, trabalhavam na Casa Espírita. Ela já estava muito bem preparada para ocasiões como a que seu amigo e irmão estava passando. Sabiamente pediu forças a Tarcísio, que via, às vezes. Não era um acontecimento frequente, mas, quando se doava em prol de alguém, ela tinha a dádiva da visão maravilhosa. Orou novamente e pôde ver o amigo tranquilizando-a. Quando voltou ao seu assento, já se encontrava mais equilibrada.

— Está melhor? — Renato perguntou.

— Como sabe que eu não estava bem?

— Tenho sentido a mudança de vibração à minha volta e percebi sua energia cair. Diga-me, está bem?

— Sim, muito bem. Fique tranquilo. Você é realmente o espírito que Maria Rita procura, ou melhor, já encontrou. Mas seja forte, não existe o acaso. Tudo tem um alinhamento perfeito que vem de Deus. Ele faz os fatos acontecerem e tem seus devotados para auxiliar. Creia e vá em frente, estarei sempre aqui.

— Como sabe disso tudo?

— Cresci nesse meio, esqueceu? Meus pais me prepararam. Quanto à marca em seu braço, minha mãe me contou. Ela tem plena certeza de que você é quem Maria Rita (ou Heleninha) busca há anos. Ela faz parte de você.

— É isso que me perturba! Sou parte dela ou ela de mim, mas por quê? O que será que fiz para ela me odiar tanto?

Nunca te esqueci, sempre te amei!

Joice sentiu pena de Renato e, de repente, teve vontade de agasalhá-lo em seus braços. O rapaz, por sua vez, se aconchegou sentindo-se confuso e carente.

– Você vai conseguir saber de tudo – Joice falou. – Confie, tenha fé em Deus. Às vezes, eu tenho raiva da Heleninha, mas sei que não são sentimentos nobres. Temos de pensar positivo, pedindo a quem de direito que nos ajude e faça com que não percamos a vontade de lutar. Eu sei que é duro ouvir isso, mas ela precisa de você. Você foi muito importante para essa moça em algum momento do passado.

Renato se desvencilhou dos braços da amiga com um olhar de quem quer saber tudo.

– O que você sabe? É que eu ainda estou feito um paspalho nessa história.

Joice sentiu que havia falado demais.

– Eu não sei de nada. Apenas sinto que ela precisa de você.

– Não, Joice. Você sabe muito mais do que isso. O que aconteceu entre mim e Heleninha em vidas passadas?

A amiga se perdeu toda. Não sabia o que responder. Mas Renato estava no caminho certo.

– Eu não sei nada. É só um palpite... – ela insistiu.

– Ok. E qual é o seu palpite?

– Renato, penso que seria melhor mudarmos o rumo dessa conversa. Estamos indo ao Rio de Janeiro, lugar ideal para descansar e descontrair. Deixa tudo isso para quando voltarmos.

– Eu preciso saber. E você sabe qual é o elo que nos une.

– Heleninha não sente ódio de você. Ela não sabe ainda, mas não é o ódio que a consome!

– E o que é, então?

– Renato, eu lhe peço, vamos esquecer esse assunto. Você ficará sabendo tudo o que for necessário.

– Mas você já sabe... Então por que não me diz?

Joice ficou triste de repente.

— Estou te pedindo, por favor, esqueça Heleninha até voltarmos.

Renato sentiu que estava sendo estúpido. Aquele assunto já estava mexendo demais com as suas estruturas emocionais. E agora, aos poucos, se dava conta de que o descontrole poderia tomá-lo por inteiro e torná-lo inconveniente.

— Me perdoe... Me perdoe... Você está certa, minha amiga. Vamos esquecer esse assunto e aproveitar a cidade maravilhosa!

Joice deixou algumas lágrimas descerem por seu rosto e Renato a abraçou carinhosamente. E, sem mais tocarem naquele assunto desgastante, permaneceram abraçados até o desembarque.

Depois de uma hora e meia, pois o trânsito estava intenso, Renato e Joice se hospedaram no hotel. Depois do preenchimento das fichas, foram para seus quartos e tomaram um banho relaxante.

Logo depois, desceram para o restaurante, onde haviam combinado de encontrar o futuro cliente de Joice. Em alguns instantes, receberam o dono de mais um hotel na cidade carioca.

Ricardo Alves, um jovem português que havia adquirido o terceiro hotel no Rio, se apresentou a ambos e começaram a negociação. Ele amava a cidade, mas não tinha tempo para cuidar de um empreendimento como aquele. Porém Joice, formada em Hotelaria, sabia perfeitamente como lidar com as estratégias de um amplo negócio no ramo. Renato se retirou para deixá-los à vontade.

Nunca te esquecí, sempre te ameí!

    Assim que atravessou a portaria do hotel, Renato sentiu um desejo enorme de caminhar. E foi o que fez. Sentia-se bem, diria até feliz e em paz. Caminhava pela calçada dos arredores observando como aquele lugar era dinâmico e alegre. Não sabia definir, ao certo, se era da própria cidade ou se os turistas de toda a parte do mundo floresciam aquela apoteose fantástica.

    Começou a ter pensamentos após conhecer o jovem português que havia chegado de sua terra para contratar os serviços de Joice. De repente, vieram-lhe à memória recordações de uma linda cidade onde eram tratadas as uvas para indústria de vinho. "Vinho do Porto", mais precisamente, além de alguns nomes, como Manoel e Antonio.

    Para Renato não fazia sentido algum aqueles pensamentos persistentes e o porquê de nomes com tendências portuguesas: "O que está acontecendo?", perguntou-se sem conseguir entender a razão de tudo aquilo.

    Renato ficou apreensivo e assustado. Atravessou a enorme Avenida Atlântica pisando com seus chinelos o calçadão da grande orla. Adentrou na areia e sentou-se próximo do mar. Estava confuso, porém lembrou-se de Heleninha também. "Oh, Deus! Auxilie-me nessa teimosia de meus pensamentos em buscarem incessantemente o porquê desses nomes. E por que Heleninha fica desfilando em minha mente o tempo todo?", disse para si mesmo.

    Procurou serenar-se e, quem sabe, chegar a uma conclusão. "Meu Deus, esse rapaz português me trouxe lembranças de coisas em que nunca havia pensado! É isso: nada vem por acaso! Meus sonhos... Isso mesmo... Em meus sonhos, sou um português também", monologou.

    Ele ficou ali sentando por muito tempo. A cada momento lhe vinham algumas recordações que logo se esvaíam. Tudo em fragmentos e sem muito sentido. Mas ele sabia que tinha a ver com tudo o que estava se passando. Olhando aquele mar infinito, fez uma prece sem pedir nada. Apenas se entregou àquelas palavras de agradecimento e plenitude. Aos poucos, foi tomado por uma brisa suave e benéfica.

Respirava fundo e soltava o ar suavemente. Fez esse exercício várias vezes. O ar penetrava em seus pulmões como uma grande limpeza de sua alma e seu cérebro material. Sorriu abertamente como se entendesse o que tudo aquilo queria demonstrar.

Aos poucos, Renato sentiu uma melancolia profunda inundar sua alma. Levantou-se da praia e procurou não pensar mais. Deu um mergulho no mar, onde pôde se reequilibrar, deixando que aquele oceano infinito lavasse todos os poros de seu corpo e limpasse sua mente. Depois de alguns longos minutos nadando, pôs-se a boiar. Olhando para o céu azul, agradeceu a Deus por tão boa ventura.

– Obrigado, senhor Deus, pai de infinita misericórdia e benevolência!

Quando Renato saiu da água, as coisas pareciam mais claras. Embora não se lembrasse de tudo, tinha certeza de que estava no caminho certo. Chegando ao hotel, Joice, preocupada, o esperava no saguão.

– Onde esteve?

– Não precisa ficar desse jeito. Estou bem – ele respondeu sorrindo.

– Entrou na água?

Renato postou um de seus braços em volta do ombro da amiga e respondeu gentilmente:

– Entrei... E me fez muito bem. Vou tomar um banho e vamos andar por aí?

A amiga, vendo-o bem, tranquilizou-se.

– Sim, mas antes vamos almoçar.

– Ok, combinado – respondeu o jovem com um belo sorriso.

Nunca te esqueci, sempre te amei!

  Renato foi para seu quarto e, antes de qualquer coisa, pegou a pasta que sempre o acompanhava, caneta e papel e anotou os dois nomes: "Manuel e Antonio", e anotou também todas as lembranças que permaneciam vivas em sua memória.

Capítulo 20

CIÚMES

FÁTIMA ARNOLDE PELO ESPÍRITO ALEXANDRE VILLAS

Heleninha chegou à empresa bem cedo e foi direto para a sala de Renato. Não o encontrando, ficou impaciente e, a passos largos, começou a andar pelos corredores, até que encontrou Fernando, que acabara de chegar.

– Bom dia, Fernando!
– Bom dia, minha amada!

Heleninha estava agitada por não encontrar Renato. No entanto, sabia que não podia deixar que Fernando desconfiasse.

– Que bom vê-lo de volta! – disse ela sorrindo.

O rapaz a abraçou com força. Heleninha não aprovou e pediu gentilmente:

– Pare com isso, Fernando, alguém pode nos ver.
– E daí?
– E daí que não quero. Nossa vida não interessa a ninguém!
– Tudo bem. Achei que fosse ficar feliz em me ver.
– Estou feliz, é claro. Mas tem hora para tudo. Olha quantos funcionários chegando! Você soube que eu passei muito mal, ontem, e que fui parar no hospital?

Fernando a olhou assustado.

– Como assim? Não estou sabendo de nada!
– Pois é. Ontem tive um mal-estar e o Renato me levou para o pronto-socorro.
– Filho da mãe! Ele não me contou nada!
– Do que você está falando?
– É que o Renato passou em meu apartamento, mas não me contou nada sobre isso.
– Fez bem. Com certeza, não quis deixá-lo preocupado. Podemos ir para a minha sala? – ela perguntou, incomodada por estar no meio do caminho, falando de sua vida.
– Podemos.

Seguiram para a sala da estilista, que fechou a porta para ninguém ouvir a conversa.

– Quer dizer que ontem você passou mal e foi para o hospital? – questionou Fernando, contrariado.

Nunca te esqueci, sempre te amei!

Heleninha se acomodou em sua mesa.

— Sim. Mas por que está tão bravo? Afinal, o Renato não tem que te dar satisfação nenhuma.

— Acha mesmo? O que quer dizer com isso?

— Fernando, pare de drama!

Ele se aproximou e a olhou nos olhos.

— Eu amo você...

Ela o encarou muito séria.

— E por isso se acha meu dono?

— Não. Apenas não gostei que o Renato, quando foi me visitar, não tenha comentado nada sobre o que aconteceu com você!

— Tudo bem... Tudo bem... Fernando, não vamos discutir quem tem, ou não, razão.

Heleninha apaziguou o clima. Ela ainda tinha muitos planos para colocar em prática usando a influência do rapaz e aquela discussão podia atrapalhar seus objetivos.

— Tem razão, meu amor — ele aquiesceu por fim. — Talvez o Renato não quisesse mesmo me preocupar.

— Foi o que eu disse. Relaxe...

— Vamos sair hoje à noite? — ele perguntou cheio de expectativas.

— Sim... Vamos jantar fora. Mas agora vá para a sua sala. Daqui a pouco o senhor Ismael deve chegar.

— O que tem de mais? — Fernando perguntou. — Acha que ele iria implicar comigo?

— Não é disso que estou falando — ela respondeu. — Só não quero que ele nos veja nessa intimidade. Temos que ser profissionais, meu querido!

— Ok... Mais tarde nos vemos.

— Vá... Vá logo.

Fernando mandou um beijo com as pontas dos dedos e saiu.

"Era só o que me faltava! Ainda preciso desse ser desprezível para dar o xeque-mate!", Heleninha pensou sorrindo com zombaria.

A estilista esperou por mais um tempo, mas notou que Renato não chegava. Viu Ismael chegando e indo para a sua sala, mas nada de Renato. Começou a ficar ansiosa e, sem conseguir conter a curiosidade, foi à procura da secretária do diretor.
— Zuleica, cadê o Renato?
— Ah... O senhor Renato foi para o Rio de Janeiro.
— Para o Rio de Janeiro?
— Sim... Foi hoje cedo em companhia de Joice.
Heleninha achou que fosse ter uma síncope ao ouvir aquilo. Seu coração disparou e suas mãos começaram a transpirar.
— Como assim? Foram a serviço?
— Sim. Mas a serviço de dona Joice. Ela tinha de encontrar o dono de um hotel e o Renato, como amigo, foi junto para fazer companhia. Mas voltam assim que tudo estiver resolvido.
Heleninha ficou em silêncio por alguns segundos e Zuleica notou sua contrariedade.
— Quer um pouco de água? – perguntou gentilmente.
— Você acha que um pouco de água me ajudaria? – Heleninha respondeu sem atentar para os impulsos secretos de sua alma.
Zuleica ficou sem ação com a má resposta da estilista que, de repente, pareceu cair em si e perceber que havia extrapolado.
— Desculpe-me, Zuleica! Desculpe-me. Acho que o mal-estar de ontem me deixou ansiosa. Mas já vai passar.
— Tudo bem, querida. Ontem ficamos todos preocupados com você, principalmente o senhor Renato.
O ego de Heleninha inflou de alegria.
— É mesmo? Ele disse alguma coisa?

Nunca te esqueci, sempre te amei!

— Nossa... Ele ficou desorientado. Pegou-a nos braços e a levou correndo para o hospital. Nunca vi o senhor Renato tão ágil assim! Depois, ao retornar, reuniu os funcionários para dar notícias suas.

Heleninha ficou contente, embora o ódio sinalizasse em sua cabeça como um comando diabólico. Muitas vezes ela ficava confusa, pois o amor, ainda latente em sua alma, gritava mais alto. A estilista se encontrava em guerra consigo mesma. Embora Soraia ainda se alimentasse de ódio e revolta por Renato, seu amor verdadeiro, às vezes, se posicionava com mais força.

— Ok, Zuleica. Já entendi. Logo o Renato vai voltar e tudo ficará em seu lugar.

— Pode ter certeza que sim — respondeu a secretária, que percebeu na reação de Heleninha um misto de raiva e de ciúmes por ele ter viajado em companhia de Joice.

O expediente transcorreu normalmente até findar o dia. À noite, Fernando e Heleninha saíram juntos, como haviam combinado.

Capítulo 21

NOVA CRISE

Depois do almoço, Renato e Joice foram passear pela cidade. Visitaram muitas lojas e compraram presentes para seus familiares. Renato comprou alguns enfeites, como o Cristo Redentor em cristal para a sua mãe e vários outros suvenires que achou interessante.

Andaram a esmo por vários pontos turísticos até o cansaço bater. Passava das oito da noite quando voltaram ao hotel. Renato sentia-se melhor. As preocupações deram trégua, trazendo, durante o prazeroso passeio, alegria e satisfação. Ele resolveu viver aqueles momentos especiais com sua amada amiga, e Joice, por sua vez, não tocou em nenhum assunto que pudesse estragar o clima maravilhoso que os envolvia.

Depois do jantar, com muitas risadas, Renato, demonstrando interesse pelos negócios de Joice, partilhou ideias que, com toda a certeza, já estavam dando certo na vida profissional dela.

Já se fazia tarde quando os dois amigos subiram para os seus quartos, cada qual se jogou em sua enorme cama e adormeceu profundamente.

No dia seguinte, depois de tudo resolvido e de todos aqueles agradáveis passeios, embarcaram bem cedo para São Paulo.

Renato deixou Joice na casa dela e estava seguindo para a sua, quando mudou de ideia e decidiu ir para a Angels Brasil, pois o horário de expediente não havia se encerrado.

Assim que adentrou, todos os funcionários o admiraram por sua bela aparência. Ele estava vestido informalmente, já que acabara de chegar de viagem. Usava uma blusa de tecido leve, calça jeans e tênis. Renato era um jovem moderno e sempre se vestia com muito bom gosto, mesmo em trajes informais. Reparou os olhares de admiração e sorriu com o canto da boca.

Nunca te esqueci, sempre te amei!

— Boa tarde, pessoal! — cumprimentou a todos.

E os funcionários, como se fossem uma orquestra, responderam com ar de riso.

— Bem, pessoal, acho que já deve ser "boa tarde". Embora eu ainda não tenha almoçado! — concluiu o jovem diretor, sorrindo satisfeito.

Heleninha, de sua sala, quando ouviu o burburinho pelos corredores, saiu à porta supondo que Renato havia aparecido. Na mesma hora, um lindo sorriso se abriu em seu rosto. Já o rapaz não sabia dizer o que sentiu ao vê-la, mas seu coração disparou.

— Olá, Heleninha. Podemos nos falar?

A estilista abriu ainda mais o belo sorriso, demonstrando grande satisfação e suas mãos ficaram úmidas de suor. Para ela, as palavras de Renato tiveram um efeito extremamente positivo.

— Claro... que... sim... — ela respondeu com a voz pausada pela emoção.

O diretor ficou parado olhando-a, até perguntar:

— Pode ser aqui na sua sala ou prefere ir para a minha?

Heleninha deu um leve tabefe na própria testa.

— Ah, mas é claro! Que falta de educação a minha... Entre, por favor! Podemos conversar aqui mesmo.

Renato adentrou a sala da estilista e logo se sentou. Olhava para ela e lembrava-se das anotações feitas sobre as "visões" que tivera no Rio de Janeiro. Agora, com mais clareza em seus pensamentos, sentia que tudo estava ligado à Heleninha.

A moça, ainda muito nervosa e confusa com os muitos sentimentos que se mesclavam a cobrar-lhe rigorosamente, também se sentou esperando que ele se pronunciasse.

— Bem... Eu gostaria muito de saber como você está. Os médicos a trataram bem?

Com os olhos fixos em seu chefe, ela respondeu, enquanto procurava entender quais eram os reais sentimentos que a envolviam naquele momento:

— Ah, estou bem. Confesso que, logo que minha mãe chegou ao hospital, eu me senti bem melhor. Os médicos foram gentis comigo. Aliás, todos me trataram muito bem – olhou mais diretamente nos olhos de Renato e perguntou: – Você ficou mesmo preocupado comigo?

Ele fez um ar bem sério.

— Sim. Muito. Mas vejo que já está muito bem e isso me deixa mais tranquilo!

— Estou sim... Obrigada por se preocupar.

— Heleninha, eu realmente fico feliz que esteja bem. Contudo, gostaria de lhe fazer um pedido.

Ela abriu bem os olhos e franziu levemente a fronte.

— Um pedido? A mim?

— Sim. Preocupo-me com você e quero pedir que se cuide mais, que evite tensões e aborrecimentos desnecessários...

A estilista pensou que fosse desmaiar novamente e teve medo de que aquilo se tornasse uma rotina em sua vida. Ocorre que Soraia, que cultivava ódio e rancor por Renato, revoltava-se ao sentir o amor avassalador que a dominava.

Notando que Heleninha havia empalidecido subitamente, Renato perguntou um pouco assustado:

— Você está bem?

Heleninha, respirando fundo, passou as mãos no rosto, que estava transpirando muito. Estava visivelmente sentindo grande mal-estar.

Renato se levantou depressa e posicionou-se ao lado dela. Na realidade, ele estava começando a entender a razão de tudo aquilo. Havia chegado a pensar que a sua presença fosse a causadora daqueles súbitos mal-estares. Mas, na verdade, os trabalhos dos benfeitores espirituais se encontravam em operação. A equipe trabalhava incessantemente, e os primeiros sinais já davam esse alerta.

Renato amparou Heleninha em seus braços e gritou bem alto:

Nunca te esqueci, sempre te amei!

— Por favor, alguém me ajuda!

Logo surgiram alguns funcionários, preocupados e prestativos.

— Senhor Renato, é melhor colocá-la em um sofá – disse um deles.

Renato colocou-a no sofá e pediu água. Assim que lhe entregaram a água, ele fez uma prece com fé. Heleninha tomou alguns goles. O restante ele passou em várias partes de seu corpo, como pulsos, nuca e testa e, em poucos instantes, a moça voltou ao normal.

Fernando, vendo toda aquela movimentação, também entrou na sala da estilista.

— O que está acontecendo? – ele perguntou, assim que se deparou com o Renato muito próximo dela.

— Heleninha passou mal outra vez! – o diretor respondeu com naturalidade.

Mas Fernando, enciumado, não conseguiu ver naturalidade alguma naquela situação e perguntou com rispidez:

— O que você fez com ela, meu?

Só então Renato percebeu que o amigo estava irritado.

— Eu não fiz nada. Apenas estávamos conversando quando ela...

— Você, Renato, é responsável por isso! – o outro o interrompeu. – Saia daqui... Saia...

Fernando empurrou Renato com violência e este, cambaleando, caiu no chão, mas não perdeu a calma, pois vibrações positivas o envolveram inteiramente na mesma hora. Era o que devia ser feito. Serenidade era o conselho de Tarcísio, que estava junto a ele, e que, com prudência, falou em seu ouvido:

"Calma, Renato... Calma, meu rapaz. Isso tudo faz parte do auxílio que nós estamos prestando a você e à Maria Rita. Ela fica assim por deixar que sentimentos nobres por você superem a demanda do ódio e do rancor. Acalme seu coração.

Fique em prece, não se ponha contra o Fernando, pois ele também está envolvido em sentimentos e energias confusas. Logo Maria Rita estará bem. Seja forte, meu rapaz."

Renato levantou-se com o apoio de um dos funcionários e se postou em um canto até que Heleninha se recompusesse totalmente.

Todos estavam chocados com a atitude de Fernando e olhavam para Renato, que se sentou em um canto, mas fez sinal com as mãos de que estava tranquilo e ao mesmo tempo pedia paz. Seu silencioso recado foi compreendido e todos acataram.

Capítulo 22

A DUPLICAÇÃO DA MARCA

Heleninha, em instantes, voltou ao normal e sua primeira atitude foi procurar com os olhos a figura de Renato. Quando seu olhar se fixou no diretor, que permanecia quieto em um canto, todos se admiraram percebendo que Fernando, que se mantinha ao lado da moça, não representava nada para ela.

Heleninha se levantou ainda um pouco zonza, aproximou-se de Renato e, sem sequer olhar para Fernando, perguntou:

— Renato, você está bem? Desculpe-me... Desculpe-me, por favor. Eu não sei o que houve...

O diretor procurou acalmá-la.

— Não se preocupe, Heleninha. Fique tranquila. Graças a Deus, já está tudo bem.

E a seguir, ele caminhou em direção à porta.

— Bom... Vou indo. Depois nos falamos...

Heleninha, em um gesto inesperado, segurou o braço dele e pediu desesperadamente:

— Não vá, por favor! Fique...

Então olhou para os lados e, vendo toda aquela gente em sua sala, começou a gritar:

— Saiam daqui! Saiam logo!

Renato se assustou com o gesto inesperado da estilista, mas se manteve em silêncio. Os funcionários se retiraram depressa. Já Fernando ficou furioso.

— Eu não vou sair!

Heleninha o encarou desafiadoramente.

— Ah, mas vai sair sim. Eu preciso falar com o Renato em particular.

O rapaz insistiu:

— O que você tem para falar com o Renato que eu não possa participar?

Apesar da irritação, Heleninha conseguiu se equilibrar, pois percebeu que pela imposição seria mais complicado se livrar dele.

— Meu querido, não é nada de mais. Apenas preciso de um tempo para tratar de um assunto que não lhe diz respeito – ela respondeu com a maior educação possível. – Mas, tranquilize-se. Assim que terminarmos a conversa, eu irei procurá-lo.

Fernando ficou sem ação, pois Heleninha pousou um beijo em seu rosto, mostrando fidelidade. Finalmente ele saiu.

– Você está bem? – a estilista perguntou para o Renato, assim que ficaram a sós.

– Eu que pergunto – ele respondeu encarando-a. – O que você sentiu, afinal?

– Sei lá... Uma coisa estranha...

"Heleninha precisa saber o que está acontecendo", Renato pensou, mas não teve coragem de tocar no assunto a respeito das questões espirituais que os envolviam.

– Continua preocupado comigo? – ela perguntou com um sorriso quase infantil.

– Claro que sim – ele respondeu convicto. – Cheguei a pensar que talvez eu esteja lhe fazendo mal...

– Não! – gritou Heleninha.

Renato assustou-se com a reação dela. Sentia-se confuso e inquieto. Logo se levantou para sair. No entanto, a estilista, meio descontrolada, foi mais rápida e fechou a porta.

– Por favor, Renato, não vá. Preciso ter a certeza de que me perdoa por tudo o que presenciou aqui!

– Espera um pouco. Quer que eu a perdoe por que passou mal?

– Sim.

Renato se aproximou dela e, sem pensar, acariciou-lhe suavemente o rosto.

– Pare com isso, Heleninha. Você não tem culpa alguma. Temos apenas que nos serenar quando nos encontrarmos.

– Talvez seja uma ótima tentativa – ela respondeu pousando com suavidade um beijo na mão dele, que não fez nada para impedir aquele gesto de carinho.

– Precisamos nos entender, Heleninha – ele disse com voz tranquila, quase sussurrada.

A moça sorriu e movimentou a cabeça positivamente.
– Eu concordo. Vamos tentar nos harmonizar, nos entender...
– Ótimo! Façamos isso – Renato respondeu e, ao mesmo tempo, como quem necessitasse fugir de algo, abriu a porta e saiu.

O jovem diretor andou a passos lentos até sua sala. Encontrava-se confuso com o que estava sentindo. Era um sentimento forte que o sufocava. Logo que adentrou sua sala, fechou a porta, jogou-se na cadeira e suplicou em pensamento: "Meu Deus de Misericórdia, me auxilie! Ajude-me a entender o que está acontecendo comigo".

Renato, embora estivesse em traje esporte, usava uma camisa de tom rosa bem claro. A manga comprida era para esconder a marca deixada pela mão de Heleninha. De repente, movido por forte intuição, levantou a manga da camisa e assustou-se: já não era uma marca que ali estava, porém duas. Ele concluiu que, cada vez que a estilista o tocava, projetando fortes sentimentos que se revezavam entre ódio e amor, deixava a sua marca ali registrada.

"Meu Deus de poder e bondade, não desista de mim, por favor! Até quando ficarei sendo marcado dessa maneira?" – Renato, assustado com tudo aquilo, desceu a manga da camisa e a abotoou.

Depois, ainda abalado com os últimos acontecimentos, apoiou os cotovelos na mesa, segurou a cabeça entre as mãos e ficou assim por longos minutos, até que serenasse. Tarcísio e os bons amigos espirituais o amparavam, projetando fluidos harmonizadores em seu perispírito.

O jovem herdeiro da Angels Brasil pensou, pensou e chegou à conclusão de que talvez não soubesse lidar com o que se propôs junto aos pais e aos amigos Madalena, Francisco, Luis Carlos e Berenice. Lembrou-se do médium Otávio que o

Nunca te esqueci, sempre te amei!

atendera na Casa Espírita, e pediu desculpas: "Não vou conseguir... Não vou conseguir..."

De repente se levantou e foi embora. Achou prudente se retirar e ir para o aconchego do seu lar.

Logo que Renato adentrou a casa, encontrou Jussara na sala e ela demonstrava grande preocupação.

— Ah, meu filho, graças a Deus você chegou!

A mãe o abraçou com força e assim ficou por longos instantes.

— Por que esse sofrimento, mãe? Aconteceu alguma coisa que eu não saiba? — ele perguntou.

— Não sei, filho. Contudo, estava ao telefone com Madalena quando Joice chegou de viagem. Senti algo estranho percorrer o meu corpo e, pensando em você, tive uma sensação ruim. Você esteve na Angels?

Renato se desvencilhou dos braços dela e respondeu, jogando-se no sofá:

— Eu não deveria ter ido à empresa, mãe!

Jussara sentou ao lado do filho e segurou as mãos dele entre as suas. Renato estava pálido e sem energia!

O rapaz, com os olhos fixos em uma direção qualquer, tentava entender tudo o que se passou.

— Fale comigo, meu filho!

— Mãe, eu não posso continuar...

— Continuar com o quê?

— Eu não quero mais fazer parte desse trabalho sem fundamento. Não vou mais me aproximar da Heleninha!

— Não está falando sério, não é, meu filho?

— Estou, sim. Não tenho nada a ver com essa história louca de vocês. É tudo muito diabólico para o meu pouco conhecimento.
— Renato, olhe para mim... Renato... — insistiu Jussara ao sentir o filho estranho e com o olhar perdido no nada. — Meu querido, olhe para a sua mãe.

Renato, no automático, olhou para Jussara que, sem dar tempo, impôs suas mãos sobre a cabeça dele e orou confiante:

"Deus, Pai Todo Poderoso. Benéficos são os seus ensinamentos. Peço junto de ti e de seu filho Jesus que conceda benevolência, onde a razão possa atuar com prioridade no coração de Renato. Peço-lhe que derrame suas bênçãos entre todos nós, pois só assim encontraremos o caminho da confiança e da verdade. Uma faísca do seu amor pode diluir todo o incômodo e toda a vibração negativa. Bem-vindos sejam os espíritos de luz, que nos trazem coragem e fé para prosseguir. Muito obrigada, Amém, Senhor."

Renato, com os olhos fechados, sentiu a bem-aventurança das energias salutares que os amigos da pátria espiritual projetavam sobre o corpo de ambos, penetrando em todos os poros, trazendo a plena serenidade.

E o jovem, abrindo os olhos lentamente, sentiu a paz circulando por todo o seu corpo, não apenas no aspecto físico, mas também no emocional e no espiritual.

"Ah... Que paz, Senhor. Obrigado!", ele pensou enquanto se levantava.

— Sente-se melhor, meu filho? — Jussara perguntou.
— Sim, mãe. Vou tomar uma ducha.
— Mas, filho, não podemos conversar mais um pouco?
— Mais tarde, mãe. Fique tranquila, a senhora fez com que eu voltasse a ter coragem para encarar os problemas. Quando teremos que voltar ao Centro Espírita?
— Daqui a dois dias. Mas se você achar que necessita de algo, peço auxílio aos irmãos. Quer ir hoje?

Nunca te esqueci, sempre te amei!

— A senhora acha que nos atenderiam?
— Com certeza. A bondade mora naqueles trabalhadores da seara.
— Então vou tomar banho e descansar um pouco. Logo mais à noite quero ir. Ou melhor, preciso ir!
— Está bem, meu filho. Vá tomar seu banho e deite um pouco. Eu o chamo.
— Ok, mãe.

Capítulo 23

AMOR CIGANO

Renato foi para o quarto e deixou a água purificar sua alma e limpar seu corpo. Logo após, deitou-se e dormiu profundamente.

Tarcísio estava de prontidão e, assim que o rapaz pegou no sono, foi levado por espíritos amigos e colaboradores para uma grande viagem. Ele estava em um espaço da grande casa, escritório amplo, com vários homens usando roupas cheias de babados e fechadas até o pescoço, a tratarem de negócios. Renato (que atendia pelo nome de Thomas) estava alegre a palestrar sobre a comercialização de bebidas alcoólicas; negócio que andava rendendo lucros abundantes.

Em seguida, viu-se em meio às ruínas de um lindo jardim afastado da cidade. Ele esperava ansiosamente por Soraia, que logo apareceu com sua saia longa, rodada e pontiaguda; uma linda blusa de renda que contornava sua silhueta perfeita e rígida pela jovialidade, com o colo à mostra.

Os colares e as pulseiras a tilintarem fizeram com que Thomas sentisse no ar a paixão. O perfume marcante da jovem penetrava ferozmente em suas narinas, estimulando ardentemente o seu corpo jovial.

Sem demora, ele abraçou a perfumada cigana e o calor daquele corpo sensual o induzia aos arroubos sem pudor. No mesmo instante, os dois deixaram que o desejo os dominasse inteiramente e que o prazer fosse o único móvel de suas ações.

Thomas era apaixonado por aquela linda cigana, que ficara longa temporada, juntamente com os familiares e muitos amigos, em sua cidade. Soraia não tinha mais que dezoito anos. Ela o enlouquecia com sua demonstração de amor. Thomas, por horas, deixava que ela o levasse para um êxtase eloquente, em que se deleitava perdidamente.

De porte esbelto, elegante e dono de grande riqueza, ele abandonava a posição de poder e se transformava em um simples plebeu embriagado pela sedutora sensualidade de sua amada cigana.

Nunca te esqueci, sempre te amei!

Depois de muitas horas de amor, a moça, deitada sobre o seu peito, ambos nus e com as roupas jogadas pelos cantos, disse em suas ilusões:

— Amo-te tanto, Thomas! Como nunca amei ninguém.

— Eu também te amo, minha bela cigana — ele respondeu acariciando-lhe os longos cabelos.

— Daqui a duas semanas vamos levantar acampamento — ela falou sorrindo. — E, lógico, tu virás comigo, não vens?

Thomas ficou a pensar sem lhe dar respostas. A jovem cigana, levantando a cabeça para fixar seus olhos no jovem português, insistiu:

— Tu vens conosco?

— Sabes que não posso — ele respondeu bastante sério. — Sabes que tenho família e muitos negócios. Como poderei acompanhar-te? Por que tu não ficas aqui?

Ela voltou a encará-lo.

— Irás me assumir perante teu povo e largará tua esposa?

Ele balançou a cabeça negativamente.

— Sabes que não poderei fazer isso. Mas instalar-te-ei, minha amada, em uma bela casa com todo o conforto. Terás muitas joias que combinarão com a tua beleza. Por favor, cigana amada, fique por mim?!

Soraia empurrou Thomas e recolheu suas roupas.

— Nunca me amaste! Como podes pedir-me que fique como uma rameira qualquer? Tua esposa e filhos estão sempre em primeiro lugar. Onde eu entro nessa história? Tu nunca me amaste e nunca me amarás! Se tens respeito por mim, não me procures mais. Agora, se mudares de ideia, sabes onde me encontrar. Que santa Sara te guarde — e a cigana começou a se vestir.

— Soraia, me escutes... Suplico-te! — gritou Thomas antes que ela fosse embora.

A moça parou para ouvi-lo, com a esperança que depositara em sua alma.

— Amo-te muito. Contudo, sabes que o que me pedes é impossível...

— Não creio que a tua decisão será a de deixar que eu parta para nunca mais nos vermos.

Soraia era uma jovem forte, que nunca havia deixado nada por onde passou; não havia marcas, sinais ou sentimentos. Não havia, em sua caminhada, nada que abalasse seus planos e o prazer de viver. Contudo, agora, o cenário era diferente. Amava desesperadamente aquele importante português; homem possuidor de títulos de nobreza, detentor de poderes e muitas riquezas.

— Por favor, não faças isso comigo! — ele implorou.

— Será que a Helena é mais importante do que eu? — Soraia retrucou encarando-o. — Como podes dizer que me amas, se somente consegues pensar no bem-estar dela?

— Mas eu te amo com toda a força do meu ser. O problema é que sou importante para esta cidade, para os negócios... Já falamos sobre isso. Tu sabes que eu não poderia me ausentar de qualquer coisa que diz respeito ao meu povo. Tenho muitas responsabilidades para com todos. Não só com minha família. Muitos precisam da minha pessoa...

— Tu não me amas como dizes. Tudo é importante para ti. Todos precisam de ti, menos eu. Não é desse modo que pensas? Por favor, Thomas, tu és e sempre será importante demais. Vamos embora desta cidade, mude teus caminhos. Juro que te farei o homem mais feliz do mundo. Posso te dar lindos filhos e muito amor!

Thomas se levantou e a abraçou fortemente. Com os olhos marejados de lágrimas, disse com carinho no ouvido de Soraia:

— Nunca te enganei. Embora meu amor por ti seja um dos sentimentos mais nobres e reais, não poderei abandonar minha cidade, meu país, minha gente...

Escondido atrás de uma pilastra em ruínas, surge Pablo.

Nunca te esqueci, sempre te amei!

– Sempre te achei um mau caráter, uma pessoa odiosa. Tu a iludiste. Não vales nada, português maldito!

– Que é isso, Pablo! – gritou Soraia. – O que fazes aqui? Andas me seguindo?

O rapaz olhou-a com indignação.

– Será que não enxergas que ele nunca te amou?

– Isso não é verdade – Thomas se manifestou finalmente. – Eu a amo de todo o coração!

– Então por que não o provas? – Pablo desafiou.

– Eu nunca a iludi. Eu a amo, é verdade, mas nunca disse que sairia para o mundo como um cigano. Aliás, vós sois nômades, sem eira nem beira! Como podeis dizer que sois felizes?

Pablo se aproximou de Thomas com rancor, bufando de ódio. Os dois amantes não esperavam aquele ato tão bem planejado pelo rapaz. Um só golpe foi fatal. O punhal penetrou no abdome do português que caiu imediatamente. Soraia correu aos gritos e o abraçou. Em meio aos gemidos e quase sem consciência, ele disse com voz sumida:

– Soraia, eu te amo. Sempre te amei. Por favor, nunca te esqueças disso.

A cigana, com Thomas em seus braços, deixou que seu pranto inundasse as vestes do nobre fidalgo que silenciou depois de breves estertores da morte.

Pablo não se arrependeu, pois amava Soraia. Ele também era um cigano, fazia parte daquele povo, mas seu amor nunca foi correspondido. Cinicamente se aproximou cuspindo sobre o corpo sem vida do jovem português.

Soraia gritava desesperadamente e agarrava-se ao cadáver do amante, deixando a dor tomar conta de sua alma. Então, fez o juramento de que o amaria por toda a eternidade, revoltada por um integrante do seu povo tê-lo apunhalado covardemente.

– Eu juro, Pablo... Juro que te seguirei além desta vida. Tu me pagarás por tudo. Maldito assassino!

O rapaz a encarou com raiva.

— Eu te fiz um favor, cigana mal-agradecida. Esse português, cheio de títulos, jamais te assumiria. Não enxergas que és uma cigana, com costumes e conceitos avessos aos dele?

— Maldito... Maldito... Desapareças da minha frente! Tenho ódio de ti e terei por toda a eternidade!

— Não queres enxergar que este português é culpado por tudo de ruim que te acontece? Olhes bem para ele e tire tuas conclusões. Ele é um homem rico que te usou apenas para suprir o próprio ego. Thomas jamais deixaria a família e a boa vida que sempre teve para seguir-te.

— Não é verdade! Não é verdade!

— A quem tu pretendes enganar? Thomas jamais te amou de verdade! Ele apenas te usou.

— Cala-te! — gritou Soraia completamente destroçada por aquele discurso tão cruel.

Pablo se aproximou dela e disse com ênfase:

— Saiamos daqui, Soraia. Vamos, antes que alguém possa nos ver.

— Não consigo deixá-lo!

— Ah, cigana idiota! Vamos sair daqui agora ou tu vais pagar bem caro por algo que não vale a pena.

Pablo conseguiu fazer Soraia refletir melhor e enxergar que tudo o que dizia era verdade.

— Fiz isso para livrar-te de penoso sofrimento. De qualquer maneira, estávamos para partir, e ele nunca seria teu. Nunca honraria o que tirou de ti!

Pablo sumiu pelo meio da mata e nunca mais foi visto. Pelo menos não naquela vida. Sofreu pelo amor não correspondido por toda a sua existência, até que ela se findasse.

Soraia, depois de muito chorar e sofrer, voltou ao seu povo e contou o que havia acontecido. Os pais, temendo as consequências do ato impensado de Pablo, sumiram no mundo.

Nunca te esqueci, sempre te amei!

Porém, com toda a certeza, a jovem cigana nunca mais foi a mesma. A doença a subjugou até o fim de sua vida. O amor que sentia por Thomas não terminou com sua partida para a pátria espiritual. Em seu desencarne, levou consigo a perturbação e a revolta por não ter conquistado o amor dele.

Capítulo 24

DE VOLTA AO CENTRO ESPÍRITA

Renato acordou com a mãe passando a mão carinhosamente em seus cabelos. Permaneceu em silêncio por alguns minutos e recordou-se de tudo o que havia sonhado, como se um filme passasse em sua mente. Contudo, achou prudente não comentar nada.

— Nossa, Renato! Você está muito suado, meu filho — Jussara observou.

— É verdade, mãe. Por favor, me deixe sozinho, pois preciso tomar outro banho. Já desço.

— Está bem, meu querido.

Jussara saiu e Renato deixou as lágrimas descerem livremente, enquanto pensava: "Meu Deus, então foi isso que aconteceu! Como pude ser tão egoísta?"

Depois, enquanto se banhava, perguntou para si mesmo:

— Será verdade que aconteceu tudo isso? Ou foi apenas um sonho ruim que tive, por causa de tudo o que está acontecendo à minha volta?

Mas, por via das dúvidas, assim que saiu do banho, pegou o papel e a caneta e anotou detalhadamente tudo o que havia sonhado. Tarcísio, ao seu lado, influenciava-o para que as ocorrências de outrora fossem anotadas com todos os detalhes.

A seguir ele desceu e seus pais o esperavam para o jantar. Durante a refeição, Renato contou aos pais o que havia acontecido na empresa e Ismael também concordou em ir ao Centro Espírita naquela noite.

Quando chegaram, Eustáquio os acomodou para ouvirem a palestra providencial, que Renato tinha certeza de ter sido para ele.

Logo após, foram levados para a sala de Otávio, que os esperava.

— Como os senhores têm passado? — o médium perguntou carinhosamente.

Nunca te esqueci, sempre te amei!

— Bem, graças a Deus! Sei que faltavam ainda dois dias para nos atender, mas meu filho anda muito ansioso e confuso — Jussara falou.

— Por certo que sim. E você, Ismael, como está?

— Na medida do possível, estou bem. Só gostaria...

Otávio cortou o raciocínio de Ismael:

— Gostaria que tudo já tivesse sido solucionado, não é isso, Ismael?

O empresário meneou a cabeça positivamente.

— Pois bem. Vamos buscar a bondade de nosso Mestre Jesus.

— Renato, meu prezado irmão, você está no caminho certo, embora confuso. Tudo o que vem anotando quando desperta de um profundo repouso está correto.

O rapaz se surpreendeu com as palavras do médium. Embora andasse fazendo anotações, não tinha certeza de estar no caminho correto. E o que mais o intrigou foi o fato de Otávio ter conhecimento daquele detalhe.

— Está se perguntando como sei que você anda escrevendo sobre experiências que tem vivenciado, não é, irmão?

— Sim, senhor. É exatamente com isso que fico perplexo!

— Muito bem, meu rapaz, eu tenho minhas fontes. E, além do mais, tem uma falange enorme trabalhando junto a você. Só preciso lhe fazer um pedido.

— Um pedido? Qual seria?

— Que traga Maria Rita aqui.

— Mas como farei isso?

— Tenha fé, confie. Estaremos esperando. Posso lhe adiantar que você terá uma grande surpresa. Estamos precisando muito do seu empenho nesse sentido.

— Senhor Otávio, é só isso que tem a nos dizer? Meu filho anda tão confuso e preocupado — Ismael observou com certa impaciência.

– Sim, meu irmão. O Renato já está sabendo de tudo, pois tem sido amparado. Sei que não é tão simples assim. No entanto, nosso irmãozinho pegou o espírito dos acontecimentos e isso é muito importante para todos nós. Ele vem cooperando conosco e consigo mesmo – Otávio olhou para o Renato. – Ele sabe do que estou falando. Não é mesmo, irmão?

O rapaz acenou com a cabeça.

– Sim, senhor. Quer dizer, acho que sei.

– É isso mesmo, irmão Renato, você está evoluindo muito bem. Só precisa, daqui a uma semana, trazer a Maria Rita consigo. Entendeu-me?

– Sim, senhor.

Nem bem Renato havia respondido e a porta se abriu para que os irmãos da Casa entrassem para aplicar o passe.

Na volta para casa, Ismael não conteve a curiosidade e perguntou ao filho:

– Renato, o que ainda não sabemos?

– Estou procurando cooperar, pai. Acho que, como disse o senhor Otávio, eu peguei o espírito da coisa.

– Nossa, filho! É assim que se fala – Jussara apoiou.

– Mãe, eu tenho pensado muito em todos os acontecimentos que surgiram sem que eu os tivesse provocado, e garanto que tudo é questão de experiência e ela virá com o tempo. Ainda falta muito para eu caminhar, a trilha é longa e complexa, mas eu chegarei lá.

– Hei, filho! Você falou, falou e não disse nada. Será que dá para cooperar conosco? – Ismael provocou.

– Ok... Não sei se tenho permissão, mas vamos lá: tenho tido uns sonhos completos, com início, meio e fim. Contudo, no começo, eu os achava sem importância. Alguns flashes

Nunca te esqueci, sempre te amei!

também muito claros têm me vindo à cabeça. Como todas essas cenas são repetitivas, passei a prestar mais atenção e comecei a anotar tudo. Hoje, por incrível que pareça, o senhor Otávio afirmou que estou no caminho certo, que tudo o que tenho sonhado, ou que vem aos meus pensamentos, faz sentido.

– Está ficando interessante. Vamos, continue – pediu Ismael.
– É só isso, pai.
– Como só isso? O mais importante, que é conteúdo desses sonhos e flashes, você não nos contou.
– Olha, com todo o respeito, prefiro guardá-los só para mim. Preciso de mais certezas.
– Renato está certo, Ismael. Acho que esse trabalho é dele. Concordo que esperemos mais um pouco para ele ter suas certezas.
– Exatamente, minha mãe. Mas estou mais animado com o que o senhor Otávio disse. Esse é um grande sinal para mim. Por esse motivo, vou percorrer sozinho este caminho; afinal, o passado é meu, assim como a reparação pelas coisas erradas que fiz.

E o restante do trajeto foi feito em silêncio. Ismael, Jussara e Renato, mergulhados em suas íntimas preocupação, refletiam sobre os últimos acontecimentos.

Capítulo 25

O GOLPE

Nessa mesma noite em que Renato andava de um lado da cidade, procurando ajuda no Centro Espírita, Heleninha estava no apartamento do Fernando planejando sua última cartada.

Chegou em casa de madrugada. Estava muito estranha e convicta dos seus planos. Entrou rindo sonoramente consigo mesma. Sua mãe a esperava sentada no sofá, apenas com uma luz de canto acesa, com pouca iluminação.

— Isso são horas, Heleninha?

— Nossa, mãe! O que faz aí acordada feito um zumbi?

— Como sempre, esperando você chegar!

Heleninha sentou-se à frente da genitora. Estava bastante envolvida espiritualmente de forma negativa, rindo alto.

— Pare com isso, dona Berenice! Já estou crescidinha e posso fazer o que bem quiser da minha vida.

— Mas tem andado bem confusa no que faz. Estava até agora com o Fernando, mas é o Renato que você ama, não é?

Heleninha ficou furiosa. Soraia a tomou por completo ao ouvir as palavras de Berenice e, com uma força inimaginável, pulou para cima da mãe e começou a apertar o pescoço dela.

— Nunca mais fale isso! Está me ouvindo?

Berenice, com toda a fé do mundo, enfrentou Heleninha. Empurrou-a no chão e, com seu rosto quase colado no da filha, disse-lhe:

— É verdade, e não tenho mais medo de você, sua desajustada, sem-vergonha, aproveitadora... Digo quantas vezes for necessário. Você ama o Renato... Ama o Renato... Ama o Renato... Quando vai tomar juízo e perceber que nada do que planeja ou deseja, será conquistado? E, tem mais: tudo o que for possível fazer para ajudar o Renato, eu farei. Ele é um homem de bem. E você, com esse jeito de mulher da vida, nunca conseguirá tê-lo ao seu lado.

Foi uma grande surpresa. Em vez de Heleninha tomar conta da situação, encolheu-se no chão e começou a chorar como uma criança perdida, com pavor.

Nunca te esqueci, sempre te amei!

Berenice, quando viu que sua atitude havia dado certo, aproximou-se da filha e abraçou-a como fazem as mães que desejam proteger seus filhos. Heleninha, por sua vez, deitou a cabeça no colo da mãe e apertava suas mãos.

Berenice proferiu uma prece pedindo forças aos amigos espirituais e sentiu que o ambiente ficou mais harmonizado. Depois levantou Heleninha e deu-lhe um bom banho, secou seus cabelos longos e colocou-a para descansar. Assim que a filha dormiu, ela finalmente foi para o seu quarto.

Antes de pegar no sono, aquela mãe sofrida, mas cheia de fé, elevou o pensamento a Deus, agradecendo pelas boas intuições e pedindo paz e proteção para o seu lar.

Amanheceu mais um dia. Os primeiros raios já davam o ar da graça, enquanto, pelas ruas de São Paulo, vários trabalhadores seguiam para as suas rotinas. Mães aprontavam os filhos para o colégio ou para a creche e muitas delas partiam para as atividades mais diversas.

A agitada metrópole, cujo poder econômico exerce grande influência sobre o país, não perdia um segundo sequer. Ônibus, metrô, veículos próprios e táxis circulavam freneticamente, conduzindo a massa humana que, diariamente, luta pelo pão de cada dia.

Com Ismael e Renato não era diferente. Logo, pai e filho chegaram à Angels Brasil, cumprimentaram seus colegas de jornada com bom humor e cada qual foi para o seu escritório.

Fernando também chegou cedo. Logo entrou em sua sala, mas sentia-se estranho. Os olhos vermelhos, profundas olheiras e um aspecto de cansaço. Um pouco depois, bateu à porta de Renato, que se encontrava semiaberta.

– Bom dia, Renato.

– Bom dia, Fernando.

FÁTIMA ARNOLDE PELO ESPÍRITO ALEXANDRE VILLAS

Depois dos cumprimentos, Fernando sentou-se na frente do diretor, com uns papéis na mão, e se desculpou:

– Renato, quero lhe pedir perdão. Não sei o que me deu, ontem. Somos amigos desde pequenos... Nada justifica o que fiz.

– Devo dizer que nunca vi ou fiz nada que justificasse me tratar daquela maneira. Mas, em nome da nossa grande amizade, deixemos tudo para lá. É passado!

– Você me perdoa, cara?

– Não há o que perdoar. Está tudo bem.

– Poxa, agradeço muito. Fui um tolo.

– Ok... Ok...

Renato levantou-se e abraçou o amigo. Ele, lógico, correspondeu.

– Trouxe uns papéis para você assinar.

Renato os tomou nas mãos e, enquanto conversava amenidades, assinou todos eles. Na verdade, ele não apreciou o aspecto do amigo. Olhos vermelhos, desalinhado, trêmulo... Enfim, não parecia em nada com o rapaz jovial que conhecia. Mas, com muita discrição, não comentou nada.

Fernando, sem muita demora, saiu agradecido. Em seguida, procurou por Ismael, fazendo a mesma coisa. Desculpou-se pelo que fizera a Renato e pediu que ele assinasse alguns papéis também. E assim foi feito.

Assim que Heleninha chegou, Fernando foi procurá-la.

– Bom dia, querida. Já fiz o que me pediu!

A estilista levantou-se rapidamente e fechou a porta.

– Você é maluco ou o quê? Como pode falar alto assim de um assunto tão sério?

– Aqui estão. Os dois assinaram.

Heleninha pegou os papéis das mãos de Fernando e escondeu em sua gaveta.

– Agora saia daqui, rápido! Não fique mais na empresa, por enquanto.

– E para onde devo ir?

Nunca te esqueci, sempre te amei!

— Sei lá... Se vira. Não pensei que fosse fazer esse serviço tão depressa!

— Como não sabia? Combinamos ontem. Lembra-se?

Heleninha realmente não se lembrava. Levantou-se e, bem perto de Fernando, perguntou:

— O que foi mesmo que eu pedi a você?

— Que desse para os donos assinarem a transferência das ações que cabem a cada um. Agora você pode passar tudo para o seu nome.

Heleninha começou a tremer.

— O que foi? Arrependeu-se? — Fernando perguntou meio inseguro.

— Você é o demônio mesmo, né? — ela esbravejou.

O rapaz se levantou muito bravo.

— Eu sou o demônio? Foi você quem pediu isso. Quarenta e nove por cento do Renato e cinquenta e um por cento do senhor Ismael! As ações já estão aí.

— Fernando, você vai sumir daqui agora. Não quero vê-lo mais aqui. Vá... Vá...

— Quando vamos nos ver?

— Não sei, depois eu vejo isso e te ligo. Agora não tem a menor importância.

O rapaz se aproximou com fúria, enlaçou-a em seus braços e disse bem perto do ouvido dela:

— Não pense que vai me ferrar. Não sou descartável. Fiz tudo isso por amor! Fiz por você!

— Ok... Ok... Está tudo bem. Falei assim por falar. Estou muito nervosa.

Heleninha beijou os lábios dele com sedução e o convenceu.

Capítulo 26

HORA DO AJUSTE

Assim que Fernando saiu, a estilista fechou a porta e passou a chave. Muito agitada, sentou e pegou o envelope que continha os documentos. Analisou detalhadamente e observou que estava tudo como planejara. Agora a Angels Brasil não pertencia mais a Renato. Tudo parecia fácil e satisfatório. O poderoso e imbatível diretor perdera tudo. Pelo menos era o que indicava.

Batidas na porta a trouxeram de volta à realidade.

– Quem é? – a moça perguntou com a voz alterada.

– Sou eu, Renato...

Rapidamente Heleninha escondeu os documentos na gaveta e, ajeitando-se, respondeu:

– Já vou indo.

Após alguns breves segundos, abriu a porta.

– Posso entrar? – ele perguntou.

– Sim... Claro... Fique à vontade – ela respondeu ainda nervosa.

Renato sentou-se e, notando que a respiração dela estava muito ofegante, perguntou:

– É impressão minha ou você não está bem, novamente?

– Imagina... Que bobagem... Estou ótima – ela respondeu forçando um sorriso.

Mas a realidade era nua e crua, pois Heleninha já não controlava o amor que sentia por Renato. Eram sentimentos fortes, antigos... Soraia estava de volta.

– O que deseja, Renato?

O diretor, observando-a, silenciou, pois tudo o que havia sonhado e anotado em um papel se fez presente. A jovem estava muito tensa e sem jeito, com o olhar perdido. Seu amor de um século estava ali, à sua frente, olhando-a fixamente.

– Renato... Quer algo?

Ele voltou de seus devaneios.

– Ah, me desculpe. Quero sim.

— Então diga, antes que eu passe mal outra vez – ela brincou. Mas, na verdade, estava perdendo os sentidos. Ficar na frente de seu grande amor era demais para suportar.

Renato sorriu abertamente.

— Queria convidá-la para sair hoje à noite. Que tal, se fôssemos jantar?

Heleninha abriu os olhos em demasia.

— Está me convidando para jantar?

Ele sorriu meio se jeito.

— Sim, mas se não quiser, tudo bem.

A estilista estava procurando ser firme, mas o suor insistia em descer por suas costas. Mesmo assim, para ser breve, respondeu:

— Tudo bem, aceito. A que horas?

— Às nove da noite, pode ser? Eu passo na sua casa, se me disser onde fica, é claro!

Ambos sorriram.

— Eu te telefono mais tarde e passo o endereço.

— Ok, então. Até mais.

— Até mais.

Assim que Renato saiu, Heleninha tirou o casaquinho para fluir o suor e esperou que ele entrasse em sua sala para correr ao banheiro, pois estava sentindo um mal-estar terrível. Tirou a camisa e banhou sua nuca e os pulsos.

Quando se sentiu melhor, sentou-se em um banco que decorava o ambiente e pensou, passando as mãos pelos cabelos: "O que está acontecendo comigo? Eu desejava tanto colocar Renato no chão como um cão perdido. E agora, o que faço?".

Mas a dúvida durou pouco tempo, pois logo Soraia assumiu o controle: "Pro diabo com esse sentimentalismo! Não vou desistir. Quero esse idiota se rastejando aos meus pés".

Tarcísio, em um canto, estava acompanhado por uma grande caravana de auxiliares espirituais.

— E agora, meu senhor? — perguntou um dos cooperadores. — O que faremos?

— Eu sinto muito, mas, quem deve, paga. Quero que prestem bem atenção em tudo o que estão presenciando. Olhem à volta dela, vejam suas companhias. Isso que Maria Rita diz sentir é amor? Se for, eu não saberia dizer o que é desamor. Por muitos anos, ela deixou seu orgulho consumir as entranhas desse amor que diz sentir e que, no fim, se transformou em mágoa, rancor, ódio... Agora se faz acompanhar de entidades desequilibradas, de baixa vibração, a cerceá-la como um véu escuro e sombrio. Percebam esses infelizes, como são animalescos.

— É verdade, senhor. Mas o que devemos fazer para ajudar? — perguntou Irmã Dolores.

— Chegou a hora dos ajustes, irmã — Tarcísio respondeu. — Você ficará com Maria Rita e não deve abandoná-la por um segundo sequer.

— Sim, senhor — respondeu prontamente a humilde servidora. — Pode deixar comigo. Essa moça sempre fez parte do nosso povo.

— Vamos... Maria Rita já está melhor — Tarcísio chamou.

A seguir, ele e seus companheiros deixaram aquele ambiente, menos Irmã Dolores que se manteve junto à estilista.

Embora Heleninha estivesse muito nervosa e contrariada consigo mesma, pois não entendia seus sentimentos confusos, o dia de trabalho para todos os funcionários foi normal.

Anoiteceu e Renato a procurou, mas ela já tinha ido e ele ficou sem entender nada. Pegou seu carro na garagem e, no caminho, ligou várias vezes para a moça. Mas as ligações sempre caíam na caixa postal. Renato teve uma sensação ruim e ficou com o coração apertado. Chegou em casa desanimado. Jussara estava arrumando a mesa para o jantar.

— O que houve, meu filho?

— Não sei, mãe. Combinei com a Heleninha de jantarmos juntos esta noite, mas quando fui procurá-la, ela já tinha ido embora.

— Ora, ligue no celular dela!

— Aí é que está. A ligação não completa. Estou achando isso muito estranho.

Jussara se aproximou.

— Está apaixonado, filho?

Renato a olhou admirado.

— Imagina, mãe, que ideia! Apenas ia continuar seguindo as orientações do Otávio, tentando fazer exatamente o que ele me pediu.

— Ah, sei — Jussara falou com um tom de voz meio jocoso. — Vá tomar um banho, então, meu querido. Não é por isso que vai ficar sem jantar, não é?

— Ok, mãe. Mas, espere um pouco, cadê o papai?

— Não sei. Ele sempre chega antes de você.

— Ele ainda não chegou?

— Não... Mas deve estar tudo bem. Notícias ruins chegam rápido e até agora não chegou nenhuma — Jussara falou em tom de brincadeira. — Vá tomar seu banho.

— Mãe, mas o papai não estava na sala dele quando eu saí da empresa.

Jussara, ainda arrumando a mesa, respondeu com tranquilidade.

— Ah, meu filho, não vai ficar preocupado, não é? Logo, logo ele entra por aquela porta.

Capítulo 27

O INFARTO

Renato foi tomar banho, contudo, algo lhe parecia estranho. Após o banho, juntou-se à mãe, na sala. Aquela noite estava quente. São Paulo parecia não mais aprumar suas estações como há alguns anos. Renato, despojado, vestia apenas uma camiseta e um short.

– O papai ainda não chegou?

– Não, meu filho. Agora eu estou começando a me preocupar.

Como por encanto, Jussara nem terminou a frase e Ismael entrou e Renato prontamente o inquiriu:

– O que houve, pai?

O empresário, sem a gravata e com a camisa aberta, deixando o ar fluir, sentou-se ao lado da esposa:

– O que foi? – ela perguntou. – Está me assustando.

– Eu estava... Com o Bernardo... Até agora – Ismael respondeu com dificuldade.

– Com o Bernardo, papai? Mas o que está acontecendo?

O homem, sem conseguir segurar mais o susto e a frustração por tudo o que tinha ouvido do advogado, deixou as lágrimas descerem. Ele estava pálido e respirando com dificuldade.

– Pelo amor de Deus, marido, fale logo!

– Benedita... Benedita... Por favor, traga água – pediu Renato, apavorado.

A empregada entrou com uma bandeja contendo um copo de água. Assim que se aproximou, Renato já havia estourado todos os botões da camisa do pai, deixando-o completamente livre para respirar.

Pegou um pouco da água com a mão em concha e molhou o rosto, o pescoço, a nuca e os pulsos do pai. Assim que Ismael melhorou, ele o fez tomar água em abundância e esperou por longos minutos, até que o empresário apresentasse uma pequena melhora, porém suas lágrimas desciam como as de uma criança.

Na realidade, Jussara e Benedita também choravam. Apenas Renato, amparado por Tarcísio e pela caravana que o acompanhava, mantinha-se coerente e com a razão intacta em seu mais perfeito raciocínio.

— Já consegue falar, meu amor? — perguntou Jussara com voz chorosa.

— Calma, mãe! Esperemos que ele fique mais tranquilo.

— Não... Vou... Ficar... Tranquilo... Nunca mais — disse Ismael com a voz completamente sumida.

— Calma, pai, calma. Não temos pressa. Fale quando puder.

— Realmente... Não teremos pressa, mesmo, filho.

— O que está dizendo, meu amor?

— Ah... Querida Jussara... A Angels... A Angels...

Ismael cerrou os olhos e Renato não teve mais dúvidas: ele estava tendo um infarto.

— É melhor chamar um paramédico, uma ambulância — Jussara falou em desespero.

Renato ligou para a emergência. Em poucos minutos a ambulância chegou e Ismael foi resgatado. Jussara acompanhou o marido, enquanto o filho correu para mudar de roupa.

Depois de falar com a mãe para localizar o hospital em que o pai se encontrava, o jovem pegou seu carro e rumou para lá o mais breve possível. Quando chegou, Jussara se encontrava em uma sala de espera e, ao ver o filho, correu para abraçá-lo.

— Ah, Renato, que bom que você chegou — disse chorando.

— Como você está, mamãe?

— Um pouco aflita, mas não há o que fazer a não ser esperar.

— Ok... Vamos nos sentar. A senhora quer um café?

— Aceito, sim, meu filho.

Renato foi à lanchonete e voltou com dois copos de café. Sentou-se perto de sua mãe e ficou em silêncio por um momento.

— O que será que aconteceu com o seu pai para ele ficar assim? — ela perguntou.

— Mãe, isso é o que menos importa agora. Papai só tem que ficar bom.

— Está certo. Só que essa demora é uma eternidade.

O rapaz passou o braço sobre o ombro dela e isso a tranquilizou um pouco. Depois de uns quinze minutos, chegaram Madalena e Francisco.

— Oh, meus amigos! Que bom que estejam aqui! – disse Jussara chorando novamente.

Todos se cumprimentaram.

— É hora de demonstrar a fé que temos em Deus – Madalena disse. – Tudo está nas mãos dele.

Jussara acenou a cabeça levemente.

— Sim, você tem razão. Como ficaram sabendo do que aconteceu ao Ismael?

— O Renato me ligou quando estava vindo para cá. Então decidimos vir também. Conte-nos o que houve.

— Não sabemos de nada ainda – Renato respondeu. – Nem sobre o estado do papai, neste momento, nem o que o levou a enfartar.

— Seu pai teve um infarto, meu filho? Com sabe disso?

— Certeza eu não tenho, mãe, é apenas uma intuição. Mas, seja o que for, ele é forte e vai superar.

Jussara ameaçou chorar de novo e Madalena segurou nas mãos dela.

— Minha amiga, esses momentos são muito complicados para todos, mas é a hora de sermos fortes, acreditar no amor de Deus e colocar em prática os conhecimentos espirituais. Tantos anos na doutrina e você fica assim, como se tudo estivesse se acabando!? Tenha mais confiança...

Francisco também procurou confortá-la:

— Jussara, a Madalena tem razão. Nós somos espíritas, pregamos a imortalidade da alma, amparamos os necessitados quando esses passam por provações. Então, temos de

Nunca te esqueci, sempre te amei!

aplicar esse conhecimento a nós mesmos, quando a provação nos alcança. Mas, de qualquer modo, eu também acredito que o Ismael vai superar isso. Ele é um homem forte, justo e generoso.

— Tem razão, senhor Francisco — Renato falou. — As suas palavras precisam entrar no coração e na mente da minha mãe. Eu, para falar a realidade, estou com os pés no chão e já entreguei nas mãos de Deus.

A porta da emergência se abriu e um médico se aproximou dos quatro.

— Boa noite a todos.

— Boa noite, doutor. Como se encontra o meu marido? — Jussara perguntou com aflição.

— O senhor Ismael teve um princípio de infarto, porém, ao que tudo indica, não é de muita gravidade. Ele já foi medicado e encontra-se na UTI, monitorado por aparelhos, mas está tudo sob controle. Estamos fazendo exames para descobrir a dimensão da enfermidade.

— Posso vê-lo, doutor?

— Pode sim. Aliás, ele perguntou pela senhora. Mas, por enquanto, para não o estressar muito, aconselhamos que somente a senhora entre, tudo bem?

Renato abraçou a mãe com carinho.

— Vá, mamãe. Mas, por favor, poupe-o. Não demonstre tanta preocupação, nem faça muitas perguntas. Nós ficaremos aqui esperando o seu retorno.

Assim que Jussara saiu, acompanhada pelo médico, Francisco disse:

— Renato, agora que sua mãe não está presente, nos conte. O que houve?

— Ah, senhor Francisco, eu não sei direito, porque meu pai não conseguiu concluir a informação, mas ele falou algo sobre ter sido alertado pelo doutor Bernardo, nosso advogado, de alguma coisa muito grave.

Francisco pensou um pouco e sugeriu:

— Por que você não liga para o advogado e pergunta diretamente a ele sobre o que houve? Você tem o telefone dele?

— Tenho, sim, anotado no meu celular. Mas não é um pouco tarde para isso?

— Em condições normais, poderíamos dizer que sim. Mas trata-se de uma emergência, meu rapaz. O seu pai está internado por um motivo que você desconhece. É natural que queira um esclarecimento. O doutor Bernardo haverá de compreender as suas razões.

— Ok... O senhor tem razão — Renato concordou, ligando imediatamente para o advogado e o colocando a par do que havia acontecido com seu pai.

Bernardo demonstrou preocupação com a saúde de Ismael, porém não quis comentar o assunto por telefone.

— Diga-me o endereço do hospital que irei encontrá-lo — ele falou.

Renato informou a localização e o advogado desligou, dizendo que estava próximo dali e que dentro de alguns minutos o encontraria.

Capítulo 28

DUPLA DECEPÇÃO

Cerca de meia hora depois, Bernardo chegou ao local.

– Boa noite a todos.

– Boa noite, Bernardo – Renato respondeu apertando-lhe a mão e apontou para Madalena e Francisco. – Esses são dois grandes amigos de minha família, que vieram nos apoiar.

O advogado os cumprimentou com um aceno de cabeça e um sorriso. Percebendo que a conversa era particular, o casal deixou os dois a sós e foi para a área externa do hospital, onde havia uma pracinha. Assim que eles saíram, Renato disse:

– Desculpe por incomodá-lo a essa hora...

– Que é isso, meu rapaz? Este é o meu trabalho. Aliás, há quantos anos presto serviços a vocês, hein? E seu pai, como está?

– Bem, o médico disse que está sob controle. Minha mãe está lá dentro com ele, mas nós não pudemos entrar.

– Ok... Então vamos nos sentar. A conversa é longa.

– O que houve, Bernardo? Por que meu pai ficou tão transtornado?

– Ismael e você tomaram um golpe, Renato. As ações que tinham da Angels Brasil foram transferidas para outra pessoa. Vocês assinaram algo hoje?

– Sim... Eu assinei. Aliás, assino documentos todos os dias, na empresa.

– Mas você leu o que estava assinando?

– Não. Todos os documentos são elaborados pelo Fernando e nós confiamos plenamente nele.

O advogado fez uma careta.

– Pois eu digo que esse foi o erro que vocês cometeram.

Renato arregalou os olhos de espanto e indignação.

– O quê? Você está dizendo que o Fernando traiu a nossa confiança? Que ele planejou esse golpe contra mim e meu pai?

Nunca te esqueci, sempre te amei!

— Não — o advogado respondeu. — Ele foi apenas usado para esse fim. Quem planejou tudo foi a Heleninha. Ela é a nova dona da Angels Brasil.

Renato levantou-se abruptamente e começou a esmurrar a parede mais próxima. Sentia-se duplamente traído e isso o deixou enfurecido. Bernardo tentou contê-lo, mas mesmo assim ele machucou a mão.

— Não acredito! Não acredito! Como puderam pedir para eu ajudá-la? Ela é ruim, sinistra, maquiavélica... Não deve nem ter uma alma!

Com muito custo ele se acalmou um pouco. Sua mão estava sangrando e alguns ossos das falanges sofreram fraturas. Foi preciso levá-lo ao pronto-socorro, onde trataram os ferimentos, imobilizaram os dedos e lhe deram analgésico para aliviar a dor.

Somente depois de tudo isso, Bernardo terminou de relatar como havia sido informado das ocorrências pelos advogados contratados por Heleninha e lamentou muito que aquilo estivesse acontecendo. Renato, pensativo, indagou:

— Em resumo, o que isso quer dizer?

O advogado suspirou fundo e respondeu, olhando-o com pena:

— Significa que, a partir de amanhã, você e seu pai não poderão mais trabalhar na Angels Brasil. A única coisa que consegui negociar com a outra parte foi o direito de vocês retirarem da empresa os seus pertences pessoais. Ah, e isso deverá ser feito sob a supervisão de alguém indicado pela nova dona da Angels.

Renato se jogou no sofá da sala de visitas do hospital.

— Espero que meu pai esteja bem drogado por remédios e não comente nada disso com a minha mãe. Tenho medo que ela também acabe enfartando.

Ficou um tempo em silêncio, como se lutasse para absorver a terrível notícia e voltou a perguntar ao Bernardo.

— Você está dizendo que meu pai e eu não temos mais nada em nossa empresa?

— Infelizmente é isso mesmo — ele confirmou com um movimento de cabeça. — A empresa não pertence mais a vocês.

— E onde estará Heleninha? — Renato perguntou mais para si mesmo, mas o advogado ouviu e respondeu:

— Já procuramos por toda parte, mas ela simplesmente sumiu. Aliás, o Fernando também está desaparecido. Seu pai me pediu para ir à casa dos dois, convocá-los para uma reunião. Eu fui e nada. A essa hora devem estar bem escondidos e assim deverão ficar até que possam tomar posse da empresa.

— Mas, Bernardo, você tem certeza de não há nada que possamos fazer para reverter isso?

— Infelizmente, não. Vocês assinaram por livre e espontânea vontade. Sinto muito, de coração. Amanhã, ou mais tardar daqui uns dois dias, Heleninha será definitivamente a nova dona da Angels Brasil.

Renato se levantou novamente e começou a andar de um lado para o outro.

— Ah, que burrice a minha! Como pude assinar aqueles documentos sem lê-los?

— Simples — Bernardo falou. — Você estava acostumado com o Fernando filtrando os documentos importantes, como me disse. Heleninha percebeu isso e usou a confiança que você tinha nele para aplicar o golpe. Ela, com certeza, o manipulou.

— Mas você não pode alegar que ela é doente e anular a transação?

— Mas ela é doente? — perguntou o advogado.

— Sim, é. Há muitos anos foi diagnosticada como esquizofrênica.

Bernardo ficou pensativo.

— Hum... É verdade isso, Renato?

Nunca te esqueci, sempre te amei!

— Sim. Eu, na realidade, não peguei essa época. Mas Madalena e Francisco dizem que sim. E os pais dela também. Isso nos ajudará em algo?

— Com certeza. Se for comprovado que ela tem uma doença mental, tudo indica que teremos alguma chance! Quem são Madalena e Francisco?

— O casal que estava comigo quando você chegou. Espere que eu vou chamá-los.

Renato foi ao encontro dos amigos e, em poucas palavras, contou o que havia ocorrido. Os dois se propuseram a ajudar no que fosse possível.

— Nós cuidamos dela no que diz respeito à parte espiritual — Francisco explicou para o advogado. — Mas sabemos que há também esse diagnóstico de doença mental.

— Na realidade, a Jussara também sabe que a Heleninha tem esse problema — Madalena falou. — Lembra-se, Renato, que a sua mãe o levou até a casa da Berenice e eu os encontrei lá um pouco depois?

— Berenice é a mãe da Heleninha, não é? — Bernardo perguntou. — Foi ela que me atendeu quando estive lá hoje, a pedido do Ismael. Pareceu-me uma boa pessoa.

— Uma pessoa boa e sofrida, coitada! — Madalena exclamou.

— Tive uma ideia — Renato disse. — Vou falar com os pais da Heleninha agora.

— Não faça isso — aconselhou o advogado. — Como pensa em dirigir com essa mão imobilizada? E, depois, isso não é apropriado. Entenda, você e seu pai assinaram aqueles documentos porque quiseram. Vai cobrar o que da mãe dela? Eu disse que já estive lá hoje e pude perceber que esta senhora, dona Berenice, está muito mal e não poderá ajudar em nada. Aliás, todos naquela casa me pareceram arrasados, como se vivessem um verdadeiro pesadelo.

— Meu Deus! Eu preciso fazer alguma coisa — Renato falou parecendo não ter ouvido as palavras de Bernardo. — Na realidade, não me lembro direito onde eles moram. Quando lá estive, minha mãe foi me indicando o caminho. Sei apenas que é no bairro... Como é mesmo o nome?

Apertou os olhos para tentar se lembrar e Madalena o acudiu:

— Aclimação.

— Isso... Isso mesmo. Dona Madalena, a senhora sabe muito bem onde ela mora.

— Renato, eu já o aconselhei a não ir. Não há nada que possa ser feito — interveio novamente o advogado.

— Meu pai teve um infarto, Bernardo. Nós perdemos tudo e você quer que eu fique aqui parado esperando um milagre?

Renato falava muito alto, completamente descontrolado. Madalena ficou pesarosa, aproximou-se e o abraçou fortemente para contê-lo. Ela estava com receio de que o rapaz se machucasse ainda mais.

Aos poucos ele foi se acalmando e concluiu que a visita à casa de Heleninha naquela noite realmente não ajudaria em nada. Precisava voltar o pensamento para a condição de saúde do pai e até mesmo da mãe que, ao tomar conhecimento dos fatos, poderia adoecer também.

Capítulo 29

O ARREPENDIMENTO

Já despontavam os primeiros raios, quando Jussara surgiu na porta da sala de espera. Renato se levantou e abraçou a mãe.

– Calma, meu querido! Seu pai está bem – ela falou, acariciando o rosto do filho por vê-lo tão abatido. – O que é isso em sua mão? Está engessada?

Antes que ele respondesse, Madalena tomou a frente:

– Não foi nada, amiga. Apenas um pequeno ferimento. O Renato estava muito tenso e andou socando a parede... Coisa de gente jovem.

– Isso mesmo, mãe. Está tudo bem – o rapaz disse forçando um sorriso.

– Ah, obrigada por vocês terem vindo.

– Que é isso, Jussara! Estaremos sempre juntos – disse Francisco.

– Bem, não há nada que possamos fazer aqui. Ismael está na UTI e o horário de visita é bem mais tarde. Então quero ir para casa tomar um banho. Depois voltaremos.

– Tudo bem, mãe. Vamos embora.

Fazia tempo que Bernardo havia ido embora e Jussara ainda não sabia o que tinha acontecido na empresa. Ismael, com muitos aparelhos conectados em seu corpo a monitorá-lo, e bastante sonolento pelo efeito dos remédios, não havia comentado nada com ela.

Assim, todos foram para a casa de Jussara no carro de Francisco, pois Renato, impossibilitado de dirigir, deixou o seu veículo no estacionamento do hospital. Até Joice, que estava trabalhando muito, foi para lá e juntou-se a eles.

Jussara tomou um banho e se deitou, sempre amparada por Madalena. Francisco, Renato e Joice ficaram conversando na sala, pensando num meio de resolver aquele impasse.

Nunca te esqueci, sempre te amei!

— Temos de fazer algo! — Joice disse. — Eu sou a culpada por tudo isso, pois apresentei essa garota diabólica a vocês e pedi que a contratassem.

Tarcísio também se encontrava presente, com seus aliados espirituais.

— Amigo Tarcísio, e agora? Como fica a situação dos Archimedes?

— Estamos aqui justamente para impor a ordem e o entendimento a cada personagem desta história — ele respondeu. — Já passou da hora de resolverem os seus conflitos. Tenho convicção de que vamos conseguir auxiliá-los nesta difícil tarefa. Preciso falar com Dolores.

— Como o irmão ordenou, certamente ela está com a Maria Rita.

— Com certeza — ele disse e, em pensamento, atraiu a servidora para perto de si.

— Pois não, Tarcísio — Irmã Dolores se apresentou prestimosa.

— Preciso saber sobre a Maria Rita e o Fernando.

— Estão instalados em um pequeno hotel aqui perto.

— Ótimo. Como está ela?

— Não muito bem. O senhor sabe que tudo o que ela cultivou durante esses anos, como cigana Soraia, já não faz parte totalmente de seus sentimentos. Está às turras com o Fernando, que a ama de um modo obsessivo. Na realidade, Maria Rita está sofrendo muito por perceber que ama o Renato.

— E o Fernando, lógico, não aceita ser trocado mais uma vez!

— Certamente.

— Bem, ao menos nossa irmã chegou onde queríamos! Ela agora tem consciência do seu amor por Renato!

— Isso mesmo, mas o que faremos? Você acha que atingiremos o nosso intento? Que Maria Rita abandonará todos esses sentimentos atormentados e grosseiros?

— Vejam, o importante é que, nesta encarnação, Soraia, Maria Rita ou seja lá o nome a ser dado, descobriu os seus verdadeiros sentimentos. Isso muda tudo. Podemos conseguir que as coisas sejam resolvidas pacificamente. Sei que o Renato está revoltado, contudo, tenho um ponto a seu favor.

— E qual é, senhor? — perguntou Constantino, outro servidor espiritual.

— Boa índole. Renato é um espírito bom e teve seus estudos de doutrina cristã!

— Sim, tudo isso contribui para um desfecho positivo — observou Dolores. — Apesar do que fez na vida passada, essa moça não para de pensar e de se preocupar com o Renato. Porém, temos apenas um empecilho...

— Sim, o Fernando — Tarcísio a cortou.

— Isso mesmo. Na realidade, tudo mudou. A mágoa dele é tanta que Maria Rita se tornou sua prisioneira.

— Como assim?

— Ela está presa no quarto. Chora muito e, sem esconder mais, diz que precisa falar com o Renato.

— Que Deus seja louvado! Precisamos direcionar algum planejamento para que ela consiga escapar.

— O que eu faço, senhor?

— Dolores, com a ajuda do nosso irmão Constantino, deve trabalhar para adormecer Fernando. Quem sabe assim Maria Rita consegue escapar?

— Mas devemos mesmo fazer isto? E o livre-arbítrio?

— Trata-se de uma causa justa, um trabalho de libertação obsessiva e nós não podemos desperdiçar esta oportunidade. Usem suas influências magnéticas, apliquem passes e adormeçam Fernando. Depois intuam Maria Rita para que pense em fugir.

— Está bem. Vamos, irmão Constantino.

Em segundos, os dois benfeitores estavam juntos de Heleninha e Fernando. A moça estava presa a uma cadeira, amarrada e amordaçada com tiras de pano, e o rapaz parecia muito exausto, insistindo em não deixá-la sair.

Logo Dolores e Constantino colocaram em prática os seus suaves trabalhos. Constantino se pôs atrás de Fernando e

Nunca te esqueci, sempre te amei!

Dolores à sua frente, ambos com as mãos postas sobre ele que, em segundos, adormeceu profundamente.

Heleninha, vendo que ele havia adormecido, começou a forçar as amarras e, depois de muito esforço, conseguiu libertar as mãos. Arrancou a mordaça, desamarrou as penas, levantou-se e, com muito cuidado pegou a chave do quarto que estava no bolso da camisa do Fernando.

Já no corredor, lembrou-se de que havia deixado para trás a bolsa e os documentos. Mesmo temerosa, voltou pisando nas pontas dos pés e abriu novamente a porta do quarto. Fernando se mexeu na cama. Heleninha ficou paralisada, prendendo até a respiração. Mas o rapaz, ressonando, virou de costas e continuou a dormir profundamente. A estilista pegou seus pertences e saiu em silêncio. Na rua, embarcou em um táxi e se foi.

Capítulo 30

VOTO DE CONFIANÇA

Nilza e Fabio estavam apavorados com o sumiço de Fernando, principalmente quando souberam que Heleninha também havia desaparecido. Assim, entraram em contato com o Renato que os colocou a par de tudo o que havia acontecido.

Em pouco tempo, Fabio e Nilza chegaram à residência de Renato, pois moravam bem próximo e o grupo ali reunido ficou ainda maior. O irmão de Fernando estava inconformado e Nilza chorava copiosamente.

— Fabio, agora que sabem de tudo, por favor, vou pedir para se recomporem, para que minha mãe, que ainda está descansando, não saiba desse acontecimento — pediu o rapaz. — Ela ainda não tem conhecimento de nada e eu quero preservá-la o máximo possível.

— Tudo bem — Fabio concordou. — Desculpe-me, mas é que estou chocado demais com essa atitude do meu irmão. Vocês sempre foram tão amigos!

— Garanto que você não está mais chocado do que eu — Renato disse com tristeza e revolta.

— Desculpe a pergunta, mas o que pretendem fazer com o meu irmão?

Antes que Renato respondesse, Nilza teve um surto.

— É aquele demônio... É aquele demônio chamado Heleninha. Foi ela que o enfeitiçou. O pobre do Fernando não tem nada a pagar. Ele é vítima da bruxaria dela...

— Pelo amor de Deus, Nilza! — Fabio observou chamando-a à razão. — Foi o meu irmão que abusou da confiança que Renato e o senhor Ismael depositaram nele!

Renato se aproximou de Nilza e a acalmou.

— Minha querida, você tem as suas razões, mas não vamos tirar conclusões precipitadas. Até que possamos ter meu pai de volta e minha mãe mais calma, vamos nos controlar, ok?!

A mulher aquiesceu com um movimento de cabeça e se encolheu no sofá, dando a entender que havia começado a rezar mentalmente.

– Mas vocês perderam tudo mesmo? – questionou Fabio.
– Perdemos – Renato assentiu. – Infelizmente, não teremos nem como pagar as contas que virão.

Fabio apoiou a mão no ombro dele.

– De todo o meu coração, cara, eu sinto muito. Pode contar comigo para tudo o que precisarem. Infelizmente, não poderei ficar ao lado do meu irmão.

Até então, Francisco, Madalena e Joice estavam apenas observando os fatos, mas a moça resolveu falar:

– Acho, mesmo que, por direito, você vai ter de assumir uma postura de responsabilidade, Fabio. Afinal, foi o seu irmão quem provocou tudo isso.

– Joice – Renato interveio –, o que é isso? Não quero falar sobre esse assunto agora, muito menos iniciar uma "caça às bruxas".

Mas Joice não se calou.

– Tudo bem, Renato. Mas o Fabio terá de ir pensando sobre isso, sim. Agora está tudo bem, mas as contas não param, o tempo não se apieda de ninguém... Pronto falei!

Fabio olhou para ela e disse sem ressentimentos:

– Tem toda a razão, Joice. O que o meu irmão fez é, de certo modo, responsabilidade minha também e eu não vou ficar de braços cruzados.

– Por favor, parem com isso! – Renato pediu. – Não vamos nos precipitar. Tenho confiança em Deus de que isso irá se resolver de alguma forma.

E entre discussões e planejamentos, as horas foram passando. Quando perceberam, o dia havia transcorrido e já estava próximo do horário de levar Jussara para visitar Ismael no hospital.

Naquele momento, Benedita entrou correndo na sala, com os olhos esbugalhados, e falou como se tivesse visto um fantasma:

— Seu Renato, o senhor não vai acreditar. A senhorita Heleninha está lá na portaria do prédio e disse que quer falar com o senhor.

Um silêncio aterrador tomou conta do ambiente, enquanto todos os presentes, presos às suas próprias convicções, tentavam decifrar o que poderia estar acontecendo.

Renato levantou-se rapidamente e perguntou, duvidando ainda das palavras da empregada:

— Heleninha está aqui?

— Sim, senhor, o porteiro a anunciou pelo interfone. O que eu faço?

— Deixe que ela entre.

Benedita se virou para falar com o porteiro e Renato foi bem claro com os amigos, que se encontravam agora em grande inquietação:

— Por favor, pessoal, eu preciso da calma de vocês. Sei que estão todos revoltados, mas não a maltratem, pelo amor de Deus! Eu preciso que a Heleninha esteja o mais tranquila possível.

Todos acenaram concordando e ele começou a sentir umas dores fortes no estômago.

Heleninha entrou muito assustada e, quando viu todas aquelas pessoas ali na sala, correu em direção ao Renato e se agarrou a ele, pedindo proteção. O rapaz a abraçou fortemente, demonstrando um carinho que a todos surpreendeu. Toda a sua revolta acabou se esvaindo quando ele sentiu a fragilidade com que a moça se comportou. Aspirou o aroma suave dos cabelos dela e falou com brandura:

— Calma, calma, eu não vou deixar que nada de ruim lhe aconteça.

Nunca te esqueci, sempre te amei!

Heleninha não o largava. Fabio se levantou, mas Renato fez sinal com a mão para que ele não interferisse e o rapaz voltou a sentar-se.

— Preciso de você... Ajude-me! – a estilista implorou chorando, aconchegada nos braços de Renato.

E ele sussurrou ao ouvido dela:

— É claro que vou te ajudar. Preste muita atenção no que vou dizer: podemos sair agora e conversarmos apenas os dois. O que acha?

— Aonde vamos? – ela perguntou, sem afastar o rosto do peito dele.

— A um lugar onde poderemos conversar em paz. Você necessita de mim e eu de você. Ninguém precisa participar do nosso segredo.

Heleninha ergueu os olhos cheios de lágrimas e o encarou. Afastou-se um pouco, acariciou o rosto de Renato e o rapaz sentiu o coração disparar. Sua alma rejubilou-se com a proximidade daquela alma que, no passado, lhe fora tão importante.

— Vamos, então? – ele perguntou gentilmente.

— Sim, minha vida – Heleninha respondeu num sussurro.

Renato olhou para Francisco e ele entendeu o recado, tranquilizando-o:

— Não se preocupe, rapaz. Eu e a Madalena levamos a sua mãe ao hospital.

Renato agradeceu e saiu de mãos dadas com Heleninha, deixando os amigos atônitos com o que viam. Quem quebrou o silêncio foi Nilza:

— Renato, não vá. Ela é o demônio!

Fabio também pediu:

— Não vá! Pode ser uma armadilha. Ela vai destruir a sua vida.

E até Joice se sentiu no direito de opinar, pedindo ao amigo que não confiasse naquela mulher. Mas ele se foi sem que ninguém pudesse deter.

FÁTIMA ARNOLDE PELO ESPÍRITO ALEXANDRE VILLAS

Contrariando os demais, Madalena e Francisco sentiam-se aliviados, pois suspeitavam que as coisas estavam finalmente se ajustando, havendo a possibilidade de tudo terminar bem.
– Gente, vamos dar um voto de confiança à Heleninha – Madalena falou. – Afinal de contas, ela o procura há um século.
Para alguns, aquele comentário parecia exagerado, mas para outros não havia exagero algum. Tudo estava de acordo com o previsto e Renato sabia exatamente o que estava fazendo.

Capítulo 31

O PASSADO DE VOLTA

Renato percebeu que, mesmo com dedos imobilizados, poderia dirigir. Como seu carro havia ficado no hospital, pegou o do pai. Depois de circular por algumas ruas, parou o carro em frente a uma casa e disse:

— É aqui que eu preciso conversar com você.

— Aqui? O que é aqui? — Heleninha perguntou curiosa.

— Um lugar de muita paz, amor, respeito, solidariedade... Você vai gostar.

A estilista estava assustada, mas decidiu confiar em Renato e se deixou conduzir.

— Não vai levar a sua bolsa e este envelope? — Renato perguntou, tendo certeza de que se tratava dos documentos assinados por ele e seu pai.

— Ah, sim. É claro!

Ela voltou ao interior do carro e pegou os objetos que havia colocado sobre o banco de trás.

— Não precisa ter pressa — ele disse. — Eu espero.

Heleninha voltou sorridente, passou o braço de Renato em volta de seu pescoço e saiu confiante. Assim que adentrou o Centro Espírita, Renato torceu para que Otávio estivesse ali naquele horário. Ele sabia que o Centro funcionava em horários diurnos e noturnos, mas não tinha certeza de quais eram esses horários.

Assim que entraram, Eustáquio deu o ar da graça.

— Que bom que vieram. Hoje é dia de felicidade! Otávio está aguardando vocês.

Heleninha gostou das palavras do homem e sorriu, mesmo sem saber que lugar era aquele. Nada mais lhe importava a não ser Renato, que já nem estranhava mais as impressionantes faculdades mediúnicas de Otávio.

Conforme a moça adentrava o local, foi sentindo algo estranho em seu peito. Era uma paz que há muito tempo não sentia e uma grande vontade de deixar as lágrimas descerem.

Nunca te esqueci, sempre te amei!

Assim que Eustáquio os levou a uma sala, pediu que se sentassem e esperassem um pouco. Heleninha suava e tremia bastante. As lágrimas, por mais que tentasse controlar, vertiam sem que ela autorizasse.

De repente, entrou Otávio.

— Como estão, meus queridos amigos? Eu sabia que viriam.

Heleninha olhou para o companheiro, que fez sinal com a mão para que ela se acalmasse, enquanto o médium falou:

— Renato, sente-se aqui nessa cadeira, na frente de Maria Rita.

Ele obedeceu.

Heleninha chorou ainda mais, quando Otávio a chamou pelo nome de batismo.

— O que está havendo? — ela perguntou entre soluços.

— Nada que você já não saiba, Maria Rita — Otávio disse com voz carinhosa.

— Você, quem é? — ela perguntou ainda insegura.

— Sou Otávio, amigo de vocês.

A estilista começou a suar mais ainda e a ficar nervosa. Para ela, tudo aquilo era muito novo.

— Maria Rita, seja forte, respire fundo, segure o ar por alguns instantes e solte. Vai respirando suavemente, solte e olhe fixamente para o Renato.

Heleninha, pela primeira vez, não tinha mais controle sobre nada e fez o que Otávio pediu. O choro foi se intensificando, a emoção envolvendo-a e, sem que pudesse evitar, caiu de joelhos e cobriu o rosto com as mãos, sentindo a alma invadida por um misto de tristeza, melancolia e vários sentimentos que desconhecia possuir.

Renato tentou ajudá-la a ser reerguer, mas Otávio não permitiu, fazendo sinal com a mão para que ele voltasse a se sentar.

— Do que se recorda, Maria Rita? — o médium perguntou. — É esse o seu nome, não é? Maria Rita é um nome tão bonito, faz jus à Santa Rita. Por que não deixa que as pessoas a conheçam?

— Pare... Pare... Pare... Por favor — gritou Heleninha em prantos.

Renato estava muito emocionado e deixou que as lágrimas lavassem seu rosto também. Otávio, sem trégua, continuou:

— Vamos, Maria Rita, me responda!

— O que quer saber? O que quer de mim?

— Que traga à sua memória tudo o que sofreu há muitos anos.

De repente, ela levantou a cabeça e olhou para Renato.

— Thomas, é você? Sim, é você!

Renato também olhou para ela e, chorando sem parar, respondeu:

— Sim, eu sou o Thomas... E estou aqui, minha querida!

Soraia, com o passado tomando-a por completo, correu para os braços de Thomas e beijou-lhe efusivamente o rosto, aconchegada nos braços dele.

— É você, Thomas, o amor que jamais esqueci. O amor que permanece em minha alma de cigana. Poxa, como o amo. Jamais vou perdoar Pablo por ter tirado a sua vida.

— Não diga uma coisa dessas. Pablo apenas pretendeu defendê-la de mim.

— Você não me amava?

— Eu a amo ainda. E nunca a esquecerei.

— Você jura por Santa Sara?

— Eu juro por Deus, nosso Pai, e Jesus, nosso Irmão.

Soraia sorriu abertamente e, em meio às lágrimas, admitiu, pela primeira vez, "Deus" e "Jesus".

— É verdade, Deus autorizou que eu o encontrasse. Sou grata por isso — ela disse.

— Eu também tenho muito a agradecer a Deus, a Jesus e a esses irmãos que fizeram tudo para que nos encontrássemos e resolvêssemos as nossas discórdias.

Nunca te esqueci, sempre te amei!

Soraia passava as mãos no rosto de Renato, com alegria e uma leveza inigualável. E o rapaz retribuía todo aquele carinho, sentindo o coração leve e uma euforia imensa a invadir-lhe a alma.

— Você sabe agora que seu nome de batismo é Maria Rita, não sabe? – ele perguntou, aproveitando aquele momento de êxtase.

— Sei sim, meu amor – ela respondeu. — Quero te entregar uma coisa.

— Para mim?

— Sim, meu querido. Para selarmos esse amor de cem anos. E, com certeza, continuarei amando-o.

— Eu também, Maria Rita.

Atendendo pelo seu nome verdadeiro, a estilista apanhou os documentos e entregou-os nas mãos de seu eterno amor. Renato abriu o envelope e fez de conta que nada sabia.

— O que faço com isso?

— O que quiser, meu amor. Não me deve mais nada, nem eu a você.

— Maria Rita, estou muito feliz por ter se recordado de tudo. Hoje podemos chamá-la por seu nome verdadeiro. É assim que começaremos tudo. Não podemos mudar o fim, mas podemos ter um ótimo recomeço. O que acha?

A moça olhou para Otávio e agradeceu pelos esclarecimentos.

— Querida irmã Maria Rita, eu preciso de um favor seu – pediu Otávio.

— Pode dizer. O que é?

— Sabemos que há muito sofre por esse amor. Não é?

Ela balançou a cabeça positivamente.

— Pois agora é o momento exato de procurar auxílio em um lugar de bons amigos.

Ela baixou a cabeça, lembrando o quanto havia feito seus familiares sofrerem.

– Se o senhor acha que devo, eu irei. Mas com a condição de que o Renato possa me acompanhar e me visitar.

– Então você sabe do que se trata?

– Sim, senhor. Preciso de ajuda, eu sei.

– Muito bem. Estou feliz com a sua decisão. Posso contar com isso?

– Sim, senhor. Pode.

Maria Rita olhou fixamente nos olhos de Renato, que ainda deixava as lágrimas descerem naturalmente, e perguntou a ele:

– Você acha que é o melhor caminho, Renato?

– Sim, Maria Rita. Tenho certeza.

– Bem, se você pensa assim, quem sou eu para negar?

– Mas, antes de tudo, você precisa nos contar alguns detalhes que, com certeza, descreverá perfeitamente – pediu Otávio.

A moça ficou a pensar e logo se recordou. Irmã Dolores e Constantino estavam ao seu lado para auxiliá-la.

Capítulo 32

HONRANDO COMPROMISSOS

FÁTIMA ARNOLDE pelo espírito ALEXANDRE VILLAS

Maria Rita, segurando a mão de Renato, pois ele lhe fazia um bem imenso, sentou-se à sua frente e iniciou a narrativa:

— Bem, há muito tempo, eu amei um fidalgo português bom e influente com seu povo e seus empregados. Era um homem generoso com todos, tinha uma família. Sua esposa, Maria Helena, e dois filhos, Manoel e Antonio. Ele atendia por Thomas de Alcântara Silva.

Renato não conseguia segurar as lágrimas e, a cada palavra de Maria Rita, deixava-as extravasar mais e mais. Segurando sua mão, apertava-a por saber que era tudo verdade, e se deu conta do motivo de ela ter se nomeado Heleninha.

— Eu era de um povo cigano — ela prosseguiu — e, naquela época, tínhamos posses. Vivíamos razoavelmente bem. Meus pais se comprometeram a me casar com Pablo, um jovem cigano que me amava muito. Até que eu o aceitava bem. Mas, por ironia do destino, conheci Thomas. Tudo o que havia construído ao lado de meus pais e meu povo foi por água abaixo. Eu já não era a mesma garota dócil que concordava com tudo. Meu coração, eu o entreguei por completo ao português que, conforme disse, era muito importante em sua cidade.

Maria Rita fez uma pausa, como se buscasse lembranças bem remotas, e depois de alguns segundos, continuou:

— Meu povo estava levantando acampamento, logo eu iria embora e não veria mais o homem que mandava em meu coração. Estávamos em umas ruínas, discutindo, quando Pablo apareceu e ficou muito bravo. Sem que esperássemos, golpeou Thomas na altura do estômago. Foi uma das piores cenas que vi em toda a minha caminhada. Ele caiu e, quase sem forças, disse: "Eu te amo, Soraia, nunca se esqueça disso".

Otávio levantou-se e ficou ao lado de Renato. Pegou em sua mão e proferiu uma prece. Pediu misericórdia a Deus, pois o rapaz estava em um estado lastimável. Não interrompeu

Maria Rita, mas estava tão emocionado que chorava em prantos.

Depois que Otávio conseguiu que Renato serenasse um pouco, pediu:

– Continue, Maria Rita, por favor.

E ela prosseguiu:

– Pablo sumiu no mundo e nunca mais soubemos dele. Eu, desesperada, tive que abandonar o corpo do homem que amava, ali, entre as ruínas, se não seria linchada. Contei tudo aos meus pais e levantamos acampamento naquele mesmo instante. Depois daquilo, eu fiquei muito doente, entreguei-me ao sofrimento e acabei morrendo de tristeza. Mais tarde, ao despertar no plano espiritual, estava revoltada, confusa, com a imagem do Thomas muito viva em minha mente. Assim, direcionei para ele o meu rancor.

Maria Rita e Renato choravam ao término da narrativa.

– Agora, vocês tiveram a oportunidade de se reencontrarem, de desfazerem alguns equívocos e se perdoarem – Otávio falou.

– Sim – disse Maria Rita ao conseguir controlar a voz. – Eu nunca disse isso, mas Deus foi generoso comigo. Meu ódio por ele era infinito. É isso...

Renato beijou as mãos dela. Sentia uma dor profunda em sua alma.

– Maria Rita, e o Pablo, por onde ele anda agora? – Otávio perguntou.

A jovem lançou para ele um olhar interrogativo.

– Não sei, senhor. Acho que nunca mais vou vê-lo!

– E se o vir? Você o perdoará também?

– Sim, por certo que sim. Não quero mais rancores em minha vida.

– Posso ter sua palavra? Posso confiar em ti?

Enxugando as lágrimas com o lenço de papel que Otávio lhe deu, ela respondeu serena:

— Sim, senhor. Encontrei quem mais procurei em minha vida. Isso tudo é passado. Mesmo sem a permissão para ter Renato ao meu lado, acho que posso prosseguir.

— Faça um esforço e tente se lembrar por onde anda Pablo — pediu generosamente Otávio.

— Sinto muito, senhor, mas não tenho a menor ideia...

— Se eu lhe disser, ficará tudo bem contigo?

— Sim, senhor.

— Fernando foi Pablo um dia — o médium revelou. — Aliás, nessa mesma época, ele pertencia ao povo de Soraia. Ou seja, ao seu povo, naquela encarnação.

Maria Rita abraçou Renato e chorou por muito tempo.

— Meu Deus, é o Fernando? E se ele estiver com raiva de mim?

— Acalme-se, Maria Rita, o Fernando está sendo cuidado pelos nossos amigos. Terá a mesma oportunidade que você de se tratar, pois precisará de muito auxílio para compreender detalhes que perdeu durante a sua caminhada.

— Renato, poderá me acompanhar? — ela perguntou a Otávio.

— Sim. Você é merecedora. Conseguiu aprender sobre suas vidas pretéritas e começa a agir com sensatez.

— Obrigada, senhor! Obrigada!

Maria Rita agradeceu a Otávio. Depois voltou a abraçar Renato e fez um pedido a ele:

— Sei que não mereço, mas preciso que me acompanhe a esse lugar onde devo iniciar o tratamento.

— Com certeza, Maria Rita! Tudo o que estiver ao meu alcance, eu farei por ti. Prometo que não a deixarei sozinha.

Otávio conhecia um hospital ligado ao espiritismo e entregou a Renato uma carta solicitando a internação de Maria Rita. Os dois ainda teriam de ajustar todas as suas provações. E o médium tinha certeza de que Renato honraria isso.

Nunca te esqueci, sempre te amei!

  Ao esticar a mão para pegar a carta, a manga da camisa do rapaz subiu e ele percebeu que as marcas das mãos que ali estavam haviam desaparecido, assim como os sentimentos negativos que por tanto tempo permaneceram no coração de Soraia.

Capítulo 33

EPÍLOGO

Enquanto Renato providenciava a internação de Maria Rita, Fernando, totalmente arrependido do que fizera e, sem entender direito o que se passara naquele quarto de hotel, fazia mil perguntas a si mesmo, recriminando-se por ter deixado a situação fugir tanto ao seu controle.

Sem coragem de encarar as pessoas, manteve-se enclausurado naquele quarto, até que Fabio, informado por Renato de onde ele deveria estar, foi buscá-lo. O irmão estava muito irritado, mas ao encontrar o caçula choroso e arrependido, guardou a bronca e o levou para o apartamento, onde Nilza o recebeu cheia de afagos e carinhos.

Depois de ser informado por Bernardo que Heleninha havia devolvido os documentos, Ismael ficou apenas mais dois dias no hospital e teve alta, voltando com Jussara para casa.

Quando ele soube, pela esposa e pelos amigos, que Renato havia levado a estilista ao Centro Espírita e que estava ajudando-a a se internar em um hospital com fundamentos do espiritismo, nem quis tocar no assunto. Ele sabia dos compromissos do filho e não iria mais ficar dando palpites.

Além disso, o susto que levara ao quase perder as ações da Angels Brasil foi uma importante lição que aprendera pelo resto da vida. Embora perdoando e mantendo Fernando em suas funções, jamais iria assinar qualquer documento sem lê-lo com muita atenção.

A chegada ao hospital onde Maria Rita seria tratada deixou-a melancólica, mas, com o apoio de seus pais e do irmão,

Nunca te esqueci, sempre te amei!

conseguiu encarar a situação com equilíbrio e maturidade. Ela estava ciente de que precisaria se tratar.

Assim que desceu do carro de seus pais, ficou a rodopiar para ver se achava o que seus olhos procuravam insistentemente. Renato havia combinado de encontrá-la e ela estava ansiosa para vê-lo. Em poucos instantes, o rapaz chegou, mas não quis se aproximar para não atrapalhar a privacidade da família, pois certamente eles tinham muito a conversar naquele momento.

Entretanto, ao vê-lo, Maria Rita saiu correndo e se jogou em seus braços. Os dois se abraçaram com a ternura e o amor que ainda existiam em seus corações e permaneceram enlaçados por um longo tempo.

— Estou tão feliz que tenha vindo — Maria Rita disse, quando finalmente afrouxaram o abraço.

— Vim o mais rápido possível — ele respondeu sorridente.

Renato nunca reparou, mas àquelas alturas, já era considerado solteirão, pois nunca firmara compromisso com nenhuma namorada. Em seu instinto, algo sempre o alertava sobre um amor inesquecível. Esse algo eram frases soltas do tipo: "sua cigana"; "sempre te amarei"; "nunca se esqueça disso".

Então havia um motivo. Foi por isso que ele nunca havia pensado em construir uma família. Renato sabia que esperava algo, mas não conseguia definir o que era; agora, finalmente, conseguia desvendar aquele mistério.

Maria Rita foi internada e, além do tratamento para esquizofrenia, recebeu também a assistência espiritual dos médiuns do hospital e dos amorosos e dedicados trabalhadores espirituais que ali atuavam. Assim, ela estava sendo agraciada com a cura nos dois planos da vida. Toda semana Renato estava lá para acompanhar a sua melhora e já fazia até planos para o futuro.

O tratamento durou cerca de seis meses e, quando todos já contavam com a alta da estilista, receberam a triste notícia de seu desencarne. A passagem daquela jovem que passara a viver tão esperançosa, foi um duro golpe até para os profissionais de saúde que cuidavam dela. Apenas as equipes espirituais não foram surpreendidas, pois sabiam que era apenas mais um ciclo que precisava ser fechado na imortal experiência de vida daquele espírito ainda tão conturbado.

Sempre dizemos que a morte tem uma justificativa, e é a realidade. Muitas vezes não há motivos para partir, apenas acontece. Mas quando o dono do mundo puxa a ficha, tudo para; nada nos resta. O que desejamos e protelamos, ficará para outra oportunidade, em outro momento que o futuro nos reservará. Mas, claro, saibam que não há morte, e sim mudança de ciclo. Saímos da vida para a vida.

Depois de ter traído a confiança dos amigos, Fernando nunca mais foi o mesmo. Tornou-se triste, depressivo e terminou doente. Depois de alguns poucos meses de enfermidade, com grande anemia, pediu para ver Renato, a quem pediu perdão e disse finalmente reconhecer e aceitar que ele, seu amigo, era o grande amor de Maria Rita.

Fernando entendeu que amava o amigo e ficou agradecido por ter conquistado o perdão dele. Mas o dono do mundo também puxou sua ficha e Fernando chegou à pátria espiritual ainda em tratamento, pois sua anemia era uma expiação que tinha de ser cumprida, por ter tirado a vida do português, na encarnação passada, deixando-o desencarnar com perda de muito sangue por causa do golpe fatal aplicado na região do estômago.

E o nosso protagonista também tinha de acertar as suas contas. Ninguém paga o que não deve e muito menos é o coitadinho de sua própria história. Renato continuou seu caminho solteirão até chegar à velhice e cumprir o que havia combinado antes de sua chegada aqui no planeta Terra, onde o egoísmo em todos os sentidos ainda prevalece, exigindo muitas idas e vindas, até que nos aperfeiçoemos.

Tarcísio, Dolores, Constantino e toda a caravana de seareiros acompanharam a chegada dos nossos três personagens, cada qual em seu momento, ao plano espiritual, amparando-os e auxiliando-os em suas dificuldades.

Espero, meus amados leitores, que tenham apreciado mais uma história entre milhões que estão sendo escritas neste momento por mais um colaborador da nossa "Senda Cristã".

Até breve!

Av. Porto Ferreira, 1031 | Parque Iracema
CEP 15809-020 | Catanduva-SP

www.lumeneditorial.com.br
www.boanova.net

atendimento@lumeneditorial.com.br
boanova@boanova.net

 17 3531.4444
 17 99777.7413
 @boanovaed
 boanovaed
 boanovaeditora

Acesse nossa loja

Fale pelo whatsapp